会社って何をするの

人間は誰も弱い心を持っている、
走り出したら気付いても止められない

三省堂書店
創英社

はじめに

　この書籍は、社内の新入社員研修や外部からの講演の依頼が
あって、その講演に使用したテキストを書籍にしてほしいとの要
望が多くあり、その時に使用した原稿に加筆して、一般社員や学
生などに幅広く活用して頂くために書籍にした。

　いま、会社の置かれている社会環境はどうなっているのか、会
社経営とは何なのか、などの基本的な知識や経営に対する問題点
などを著者なりに整理してこの書籍にした。私達の身の回りの科
学技術や社会環境は急速に変化している。生活の利便性と共に多
くの問題が起きている。われわれはこれらの問題に対応しつつ新
しい技術の恩恵にあやかりたいものである。

　はじめに、社員や企業の置かれている社会環境を理解すること
からスタートしたいと思う。例えば、最近新型コロナウイルスが
まん延したことにより在宅勤務者が増加し、インターネットの使
用者が急激に増え更に普及するなど、企業環境の変化が会社の経
営や社員の生活なども大きく変化せざるを得なくなっている。こ
のような変化を自分たちのチャンスと受け取るか、禍と取るかに
よってその後の人々の生活や企業の運命も変わってくる。これら
の企業環境の変化は私達には想像も付かない、予測できないよう
な環境の変化が起き始めている。新型コロナウイルス後の世界や、
もたらされた結果のことを予測出来た人はほとんどいない。

　私は製造業の出身のために本書の内容は特に、製造業に関心の
ある方にはご理解頂けることと思う。この図書をご覧頂く方には
適宜掲載した図表を見て頂くことにより更に理解を深めて頂ける
と思う。

　第1章は、地球温暖化にあった、水素の活用、量子の活用が
喧伝される中、いま、セミコンダクターの世界的な不足という問

題が起きている。その不足しているセミコンダクターとはいったい何か。自動車や家電製品など全てに使われているという、セミコンダクターについての働きや機能について述べる。また、わが国ではの生命科学の分野に多くの人の関心が集まっている。この分野の発展も目覚しい。遺伝子組み換えの食品が市場に出回って来ている。そこで生命科学のことについての基礎知識などの話しをすることにした。更に為替レートが会社の収支に大きな影響があるので、主としてドルと円の為替レートについて述べる。株式のことも意外と理解されていないので触れてみることにする。出来るだけ易しく書いたつもりだが、新しい時代の事柄が多いので難しい箇所があると思う。

　第2章は、会社経営について、持っておいた方がよい基本的な知識について述べ、お客様にタイミング良く、優れた商品をお届けするために外部活用について述べる。

　この書籍をお読み頂いた方々に、会社を取り巻く環境の変化や、会社経営のことをご理解頂き、読者諸兄の今後の人生の幸せと、所属企業のご発展を祈り上げ、社会の人々の幸せに少しでも寄与出来れば、著者の最高の幸せである。

2024年9月

堀井 朝運

目次

はじめに……………………………………………………………… 2

第1章　地球環境の変化……………………………………… 7

世界の抱える課題………………………………………………… 8

国際情勢と経営課題……………………………………………… 9

企業環境の変化…………………………………………………… 14

水素の活用………………………………………………………… 17

燃料電池…………………………………………………………… 20

半導体……………………………………………………………… 20

パワー半導体……………………………………………………… 27

量子と素粒子……………………………………………………… 32

素粒子と宇宙……………………………………………………… 36

生命科学…………………………………………………………… 39

染色体……………………………………………………………… 39

品種改良…………………………………………………………… 43

遺伝子組み換え食品……………………………………………… 45

アレルギー………………………………………………………… 47

第2章　経営課題……………………………………………… 49

企業の3つのイノベーション…………………………………… 50

企業経営…………………………………………………………… 50

イノベーションとは……………………………………………… 53

２つの企業会計……………………………………… 56

貸借対照表（Balance Sheet）…………………… 58

損益計算書…………………………………………… 59

管理会計の実例……………………………………… 61

損益分岐点売上高…………………………………… 62

固定費の管理………………………………………… 63

新たなイノベーション……………………………… 65

新規事業開発………………………………………… 70

中小企業の新規事業開発…………………………… 71

コンセプト作り……………………………………… 72

外部活用……………………………………………… 74

新しい販売方法……………………………………… 75

新技術革新…………………………………………… 78

為替レート…………………………………………… 81

株式…………………………………………………… 82

社員にとって大切なこと…………………………… 84

おわりに……………………………………………… **88**

索引…………………………………………………… 89

参考図書……………………………………………… 92

図版一覧……………………………………………… 94

第1章

地球環境の変化

この章では下記のようなことについて一緒に学びたい

- 世界の抱える問題と我々の果たすべき課題と役割
- 地球環境の変化
- 水素の活用
- 半導体
- 量子と素粒子
- 生命科学

世界の抱える課題

〈世界的な課題〉

貧困・教育格差対策

水衛生

医療・保険

紛争・難民

児童労働・人身売買

人権・ジェンダーギャップ

災害

気候変動・環境問題

男女格差

2016年5月に2030年までの達成目標をSDGs〔Sustainable Development Goals〕で決定。

我々の果たすべき役割

　どこの国のどんな政治も人間が行っている。いま行われている多くの市民活動は、市民活動のなかで民主化を目標にしているところが多い。それには賛同できる。政治の世界で国や地方の政治を行うことに誰でも参画できること、政治を行う人を国民が選べることが民主主義の優れた点だと思う。更に大切なことは政治家としての任期があることである。政治を行う人も、その政治家を選ぶ人もさまざまな優れた点と、欠点を持っている、政治も選挙もそのような人間の行為である。どんな世界にも完璧なんてない。他人事のようだが、限られた立候補者の中から適任者を選ばなくてはならない。理論と現実は違う。多くの人に選ばれたら、自分自身の役割をわきまえて仕事をすべきである。勝手な意見だと思うが私達は本当の民主主義について再度考える時に来ていると思

う。世界で問題となっていることに、貧困問題、男女格差、気候変動、災害、紛争、人権、環境問題などがある。これらは、人間自身が起こしている問題である。地球は人間だけのものではない、全ての動植物の物である。環境改善や保全は人類にとって大きなテーマである。

国際情勢と経営課題

〈経営環境の変化と経営課題〉

国際情勢

1. 国際紛争
2. 新たな経済問題の発生

経営課題

3. 環境問題に取り組み、脱炭素社会の実現を図る
4. 水素の活用を図る
5. 半導体の問題への対応
6. 高度情報化社会の進化に伴う対応
7. 男女格差への対応

国際情勢

　世界には今も多くの国民が戦争のために苦しんでいる国がある。戦争はいつも弱い立場の人々の生命や財産を奪っている。ロシアのウクライナ侵攻を見ても、多くの弱い立場の国民や家族・縁者などの命を失わせ、長年かけて築いてきた信用や財産が一瞬にして失わせている。ウクライナで生産されている小麦などがロシアのウクライナ侵攻のために、流通がストップして食料不足が

起きている。流通がストップしたために、アフリカなどの国では飢餓に苦しみ、命を落している人々が多くいる。また、食料不足は全ての他の商品の価額にも影響を及ぼし、物価高を引き起こしている。このように戦争はいつも弱い立場の人々を更に苦しめている。他にもアフガニスタンでは約200万の人々が命を落とし、シリアでは約50万人が、イラク内戦では約30万人の人々が命を亡くしたと言われている。さらに、クルド対トルコ、リビア内戦、イエメン内などで多くの人の命が失われている。いつの時代も国際社会は、それぞれの国や地域では多くの問題を抱えている。たとえば歴史的に見ても、日本の戦国時代は、敵国の侵略に対処するために、領主は新しい考え方の実行を徹底して行わなければならなかった。そのために武士の強大な（軍部）の力に頼るようになってくる。やがてその結果、武士（軍部）が強い力と政治的な発言力を持つようになり国の政治に関与するようになる。これが軍事政治の始まりではないか。

「軍事政権」に一部の国民が賛同していることも事実である。反対意見の人はやがて粛正されてしまう。これが日本の過去の歴史である。自国の領土を広めるために隣国侵略することは許されない。軍事政権はなかば強引にそれを進めてきた。一部の国民がそれに賛同して来たことも事実である。しかし、善戦ならともかく、そのために貴い命を捧げてしまう。他人を信じなければ、物事は始まらない。人間は弱いから一部の人々のムードに流されてしまう。2023年10月7日、ハマスのイスラエル侵攻により双方で多数の市民が亡くなっているようだ。

図表1. イスラエルの地図

ハマスとの主な戦闘地区は主にエジプトとの国境に近いガザ地区とヨルダン川西岸地区である。首都エレサレムはユダヤ教、キリスト教とイスラム教の3つの聖地でもある。ユダヤ人は約2000年前にローマ帝国に滅ぼされてから自国がなくなった。しかも、ヒットラーによって約600万人のユダヤ人がガス室に送られて殺されていると言われている。自国ができたのは第二次世界大戦後である。ユダヤ人は自国が無いため金貸などを生業としていたので世界の嫌われ者となってしまった。

ハマスは2023年10月7日に突然イスラエルの国境を越えて侵略して来た。すでに3万人以上の人が亡くなっていると言われている。

国際情勢と経営課題

国際問題の一つに米中両国の通商問題の深刻化や5Gや量子技術などをめぐる競争の激化など、国際社会においてパワーバランスの変革が加速・複雑化する中で、経済・技術分野における安全保障の確保などの新たな課題が顕在化してきている。科学技術の進歩によって、宇宙・サイバー空間における活動も活発化している。これはビジネスチャンスをもたらすが、新たなリスクと脅威も生み出している。特に、後述する隣国である台湾をめぐる問題は半導体の問題を含めて、日本にとっては最大の関心事である。台湾の半導体メーカーTSMCは、現在、半導体の製造、微細な加工技術力に関して他国では実現出来ない力を持っている。台湾の半導体メーカーが世界で最も高いシェアを持っていることから、もし台湾有事の際、日本にも大きな影響が出ることが懸念される。

後述するが、半導体を製造しているTSMCの技術力、生産力には現在、世界のライバル企業は太刀打ちできないのが実情である。

地球環境の変化と対応

地球温暖化：

　　地球温暖化とは人為的な地球表面温度の上昇とその継続が予想されること、主な要因としてCO_2、メタン、亜酸化窒素ガスの排出により地球の表面温度が上がること。

影響：

　　海面上昇、降水量の地域的な変化、熱波などの異常気象の頻発、砂漠の拡大、北極圏の氷河、永久凍土の解凍、海氷の後退など。

対応策：

　　まず、人々の環境に対する意識変革、CO_2を出さない社会改革、代替エネルギー開発等は必至である。

　　脱炭素化社会の実現を目指す、各自の意識改革がスタートとなる。

環境問題を考える

　　環境問題を最重要課題と考えて企業経営を行う。

　　国際気候変動に関する政府間パネルの中の「地球温暖化に関する特別レポート」で、人間は地球を破壊した工業技術に夢中になり、注意を怠った結果、天文学者のカール・セーガンは地球を急激な破壊の道へ追いやった。世界の気象学者の見解ではこの問題を解決するのに残された時間はわずか12年、平均気温の上昇を工業化以前から1.5℃以内にとどめなければ、悲惨な結果に直面すると言っている。世界経済フォーラムもそれに同意した。次の10年で直面する最も重大な問題として、国連気候変動に関する政府間パネルでは「地球温暖化に関する特別レポート」の中で、「人間は地球を破壊した。工業技術に夢中になる一方、それが引き起こす環境破壊への対処に5つの脅威を取り上げている。水

危機、生物多様性の喪失、異常気象、気候変動、環境汚染と全てが環境問題である」。この指摘は、今後の経営方針を立てるなかで積極的に考えて対応していかねばならない課題である。長い目で見れば全てのものには寿命がある。やがて人類も終わる時が来る。その時、以前に人間の勝手な行動により他の動植物も住んでいる地球の寿命を終わらせてはならない。環境を守ることは人間の義務である。現在、世界の人口は80億4500万人、2058年には100億を超すと言われている。日本の人口は2023年は1億2330万人で世界12位で2022年に比べて230万人減少した。

二酸化炭素の排出量は2020年、10億4400万トンで、内訳は、産業部門（工場等）が24.1%、自動車等が17%、業務5.8%、家庭菜園0.53%、発電所・製油所等40.4%、焼却等3.0%、その他0.3%となっている（10億4400万トンは、前年度より5.8%減少）。

地球環境

SDGs（Sustainable Development Goals）、持続可能な開発目標はは、「誰一人取り残さない」持続可能な社会の実現を目指す世界共通の目標である2030年を達成年限とし、19の目標と169のターゲットから構成されている。19の目標は、貧困、飢餓、保険、教育、ジェンダー、水・衛生、エネルギー、経済成長と雇用、インフラ、産業化、イノベーション、不平等、持続可能な都市、持続可能な消費と生産、気候変動、海洋資源、陸上資源、平和、常套手段を掲げている。また、優良企業・団体の表彰を行っているようである。環境問題は個々人の環境問題に対する意識が最も大切である。前述のように環境問題に熱心に取り組んでいる企業に顧客も集まるようになってきている。ビジネスと環境問題に取り組むことが企業の発展につながるようになりつつある。環境問題

に真面目に取り組むことが今後の企業経営にとって大切なことである。

企業環境の変化

今起きている世界的な課題:
　半導体の不足、国際的な紛争とロシアのイラク侵攻（東西問題再燃の恐れ）

環境問題（地球温暖化）:
　脱炭素、水素の活用（アンモニアを含む）、プラスチック用品不使用

新管理・技術の活用:
　IoT（Internet of Things）、人工知能（Artificial Intelligence）、AR/VR、6G

技術・技能に対する社会的ニーズ:
　量子物理学の活用（Quantum）、脱オイル（E.V.）

その他:
　財政政策課題、格差（富、人種、男女など）

AR:
　Artificial Reality 人工現実感

地球温暖化の影響

1. 海水が増え、陸地が減る。
　氷河などが溶けて、海水の水位が上がって、低い場所にある土地や小さな島などは、海水に沈んでしまう。南太平洋にあるキリバスやツバルなどの小さな島国は、海に沈んでしまうことが

心配されている。

2. 動物や植物の数が少なくなる。

氷上の冷たい海で暮らしていた動物たちが生きていけなくなる。すでにホッキョクグマは住む場所やエサが少なくなり、その数が減っている。海の水位が上がって陸地が減ることで、森に住んでいた動物たちの住む場所がなくなる。

3. 気候が変わる。

今まで寒かったところがより寒くなったり、暑かったところがさらに暑くなることが予想される。北極海の氷が溶けて海が広がることで気候温暖化が変化し、大雨や洪水、台風が増え、反対に雨や雪が少なくなる場所や砂漠化する場所が増えると言われている。

　地球環境の温暖化が気候変動をはじめとする大きな変化を起こしつつある。地球温暖化の原因は、人為起源によるものであり、人間の生命や健康を脅かすその主な原因は化石燃料の燃焼によって、CO_2 が 65.0%、森林破壊等による CO_2 排出が 11.0%、メタン（16%）、一酸化二窒素（6.2%）、フロン類（2%）と言われている。CO_2 が 76.0％と最も影響が大きい。約 200 年前の地球の平均気温は 14℃前後であったと言われている。海面上昇は 1901 〜 2010 年の間に 19cm 上昇したと言われている。地球温暖化に伴う海水温の上昇による熱膨張と氷河などの融解によって、2100 年までに最大 82cm 上昇すると予測されている。すでに、北極海の海氷の上昇、海水の酸化も進んでいるようである。日本政府は 2050 年までに温室効果ガスの排出を全体としてゼロにする、カーボンニュートラルを目指すことを宣言した。これに同調して実行するには、例えば、自家用車はなるべく使用せずに公共交通機関

を利用すること、エアコンなどの空調機器の効率を上げ、電気の使用量が減り温室効果ガスの発生を抑えることができる。

　地球の温暖化防止を積極的に進めるために、国の目標として日本は 2050 年までに脱炭素社会を実現することを 2016 年のパリ協定で菅（元）首相が宣言した。この宣言のあるなしにかかわらず地球環境の変化は厳しい状況にある。気候変動による過去に経験したことのないような災害が次々と世界中で発生している。これは地球温暖に要因があると思われる。いまこそ、企業は地球温暖化を抑えるためにあらゆる対処の方法を考えて努力しなければならない。

　二酸化炭素の濃度は産業革命以前は数百年にわたって 280ppm 程度で安定して推移していたが、2011 年には 390ppm を超えて、いまも増加し続けている。1988 年の米国の大干ばつをきっかけに、地球温暖問題が世界中で問題視されるようになったと言われている。もう少し前に手を打っていれば良かったと思うが、私達も被害が出て初めて気が付くわけである。

水素の活用

燃料電池（Fuel Sell）
・環境への弊害は少ないが、まだまだ開発は遅れている。
・水素の抽出・充填するための開発とコストと技術開発。
・すでに家庭用、自動車等に使用されている。

多分、中学の理科の授業で水の電気分解の実験経験をしていると思われるが、原理と技術は水の電気分解の逆である。現在は水素の生成のためにまだまだ多くの化石燃料を使用してるが、専門家は4年以内に水素生成のために使用している化石燃料はほとんどなくなると言われ、太陽光や風力発電もより実用化できるようになると言っている。

現在の水素生成

　水素エネルギーの廃棄物は水である。環境問題から見たら理想的なエネルギーである。しかし、水素生成にはさまざまな方法があるが、現在、主に化石燃料を改質する方法と、化学プラントなどから副次的に発生する水素を回収・精製する方法の2つの方法で製造されている。これらの方法では製造工程でCO_2を排出するために発生したCO_2を海中に埋める方法や再生可能エネルギーを利用して水素を製造するための技術開発が国内外で進められている。

　環境問題を考えると、いま世界中で一番に開発を急いで進めてほしいのは水素の生成である。このためには世界中の協力が必要である。残念に思うことは、新しい技術が戦争などに悪用されてしまうことである。戦争によって新たな技術が作られると言う人がいるのも事実である。戦争と新技術開発は「鶏と卵どちらが先

か」に似た問題である。

図表 2. 水の電気分解

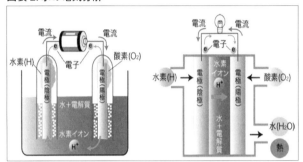

出典：テムズ中日株式会社「kids 環境 ECO ワード」を元に作成

人工知能（Artificial Intelligence）

　人工知能（AI）の発展は目覚ましい。特にコンピュータの処理スピードと記憶量の増大には目を見張るものがある。これが人工知能の発展に繋がっているのである。最近、巷ではAIを使って囲碁のプロに勝ったとか、最もAIの苦手とする絵画の分野で猫の絵をAIが画いたなど、AIや科学技術が万能のようなことがニュースに報じられている。筆者は、AIはツールであるから使う人によって社会状況が良くなることもあり、悪くなることもあると思う。世界各国のコンセンサスによって特殊な科学技術を戦争に使用しないことを条約とすることを期待している。もちろん、科学技術は発展はしていくものと思う。科学技術は地球や人類にとって必要である。但し、人類や地球の寿命を人類の行為によって地球や地上の動植物の寿命を縮めるような行為は行ってはならない。良い影響と発展を期待しているので配慮こそが必要である。

　人工知能の研究の中で最も難しい、ディープラーニングの研究について早稲田大学の高橋透教授は著書『文系人間のための「AI」』の中で、AIも人間の命令にすぎないと言っている。ディープラーニングは自動学習機であっても、自発的な学習者ではないと言っている。私も現段階ではその通りであると思う。

第1章　地球環境の変化　19

燃料電池

図表 3. 各社の燃料電池車の実績

	トヨタ MIRAI	ホンダ CLARITY PHEV	韓国現代 ix35 F.C.
燃料タンク容量 L	122.4	141.0	144.0
走行距離 km	650	750	594
駆動用バッテリー	ニッケル水素電池	リチウムイオン電池	リチウムイオン電池
乗車定員	4	5	5
販売状況	一般販売　2014	リース販売	2018

各自動車メーカーの資料などをもとに作成

半導体 (1)　Semiconductor

現在は半導体なしで電気・電気製品を利用することはできない。

図表 4. 半導体の機能

1.「電流・電圧」を制御する機能
　（アナログ半導体）
　機能：　1. スイッチ　　2. 変換　　3. 増幅
2.「考える」機能
　（デジタル半導体）
　機能：　1. 複雑な計算をする　　2. 多くの情報を記憶する

　半導体の機能と役割、現在は半導体なしで電気・電気製品を利用することができない。半導体は全ての電気製品にそれぞれ違ったかたちで使用されている。最近、半導体の世界的に不足していることが報じられている。これは多くの人々の知るところであるが、意外と半導体自体のことを知らない人が多い。

　以前の電気製品にはたくさんの真空管が使われていた。その真

空管の働きをする機能を、現在、半導体が代わって行っている。このように半導体の機能は端子の数の少ない単純な「電流・電圧」を制御する機能を持つ半導体をアナログ半導体と呼んでいる。

そして、数十個以上の多数の端子を持つものを LSI（Large Scale Integrated Circuit）と呼んでいる。大体 1000 個以上の素子を集積させた複雑な動作をする回路を 1 つの半導体で実現させている。

マイクロプロセッサのようなデジタル処理（計算）を行う半導体は多数の素子を必要とするため、LSI に分類されるのがほとんどである。マイクロプロセッサは汎用的で、何の用途にも使えるように設計されていて、画像処理や通信用などにも特化しており、特定用途の性能を高めた LSI は ASSP（Application Specific Standard Product）と呼ぶ。

半導体の価額も 1 個 100 円から 1 個数千万円するものもあるようだ。台湾では半導体は完全に分業で生産しているという。製造業ライン 1 ラインを作るのに日本円で数千万円から 1 億円掛かると言われている。一般的な半導体を作るには少しリスキーであると思われる。半導体は線の細さでは端子（半導体の足の部分）が数個という少ないものは、トランジスタやダイオードなどの素子 1 個を製品にしたものは、ディスクリート半導体と呼んでいる。LED などもここに分類される、端子が 10 のもので、素子をいくつか組み合わせてある機能を持つ回路を実現したものでは、単機能 IC（Integrated Circuit）と呼ばれる。信号を増幅するアンプや、一定の電圧を供給するレギュレータ IC などが代表例である。ディスクリート半導体や単機能 IC は、電流・電圧を制御する目的のアナログ半導体として使用される事が多い。また後述のパワー半導体は、基本的にはアナログ用途である。使用する電流・電圧が

第 1 章　　地球環境の変化　　21

特に高いため、特別な設計をされているのがアナログ半導体である。半導体の設計・技術開発はまだまだ奥行きは深い。

半導体の機能と役割（2）

半導体の機能（アナログ半導体）

スイッチ：

　電流を流したり止めたりする役割を持つ。

変換：

　電波信号を電子機器の中で扱えるように電気信号に変換、電子機器の中の情報を送信する時に、電気信号を電波にする役割を果たす。

LED：

　電気を光に変換する役割を持つ。

増幅：

　電子機器には温度や圧力などのセンサーがついているものがある。センサーは情報を電気信号に変換するが、信号が微小のためにすぐに消えてしまったりノイズの影響を受けたりする。微小信号を大きな信号に増幅させる。これらの役割を担うのが半導体の「増幅」の役割である。

　「n型半導体」はシリコンやゲルマニウム結晶に、ヒ素などの5価の原子を混ぜることによりn型となる。電圧をかけると伝導電子や自由電子の移動によって電荷が運ばれる半導体である。

　「p型半導体」はシリコン（4価）の結晶にホウ酸などの3価の原子を混ぜることによりp型となる。正孔の移動によって電荷

が運ばれる半導体である。

半導体のサイズ、半導体チップの回路線幅はチップの集積に関わっている。現在、7nm の微細な加工が可能な企業は数社であり、5nm 対応が可能な IC チップの微細加工ができるのは、TSMC とサムスン電子だけである。さらに TSBC は 2025 年には 2nm の量産を始める計画になっている。これはエネルギー効率の向上により消費電力の削減に繋がると期待されている。TSBM は毎年数兆円の規模の投資を行い、半導体技術者の賃金は日本の数倍になり、情報へのアクセス権限は現場から上層部にまで徹底され、常に厳格な管理がなされている。

台湾の TSMC は IC のチップの生産と技術では、2026 年には 2nm の線形の IC のチップの量産を始めると言われている。TSMC は時価総額 60 兆円でトヨタの 2 倍の企業価値である。

ただ、不安なのは台湾は中国と緊張関係にあること、日本はウエハー以外は台湾や韓国に後れを取っているが、近い将来必ず、今の半導体とは少し違う形のもの含めて、世界一のシェアになることを期待している。1990 年の世界シェア 49％に挑戦してほしい。

しかし過去のことを羨んでも仕方がない。なぜ韓国のサムスンや台湾の TSMC に負けたのか、原因を謙虚に調査して対処する必要がある。台湾の TSMC は世界最大級の半導体メーカーとなった。TSMC は 1987 年に台湾で創業、2022 年第 3 四半期の段階で世界シェアの 56.1％を占めている。米国、中国にも製造拠点を持ち、半導体価格の決定権を持っている。

第 I 章　地球環境の変化　23

半導体の役割 (3)

考える（デジタル半導体）

コンピュータは人間の頭脳をサポートする、複雑な計算をし、たくさんの情報を記録する、AI（人工知能）もコンピュータに入っている半導体によって作動している、CPU やマイコン、プロセッサは半導体の機能を使ったものであり、また、「覚える」機能はメモリーと言われている。

考える半導体

計算するのはプロセッサ、記憶するのはメモリーと呼ばれている。

出典：『「半導体」のことが1冊でまるごとわかる』 井上伸雄・蔵本貴文著 2021年 ベレ出版

半導体の用語

ファンドリ：

半導体製造の「前工程」と呼ばれている。前半の工程の作業を請け負い、顧客の設計データに基づいて受託生産をする。業界で有名な台湾の TSMC など。

OSAT：

半導体の後半の工程作業にはテストを請け負う業務の業界。OSAT には、後工程を行うための装置メーカーと材料メーカーが関係している。

IDM：

設計、製造から販売まで一貫して行う。

EDA：

設計を自動化するための各種ツールを IDM メーカーに提供し、ハードウェアとソフトウェアの両面から IDM 設計作業を支援

する。

IPベンダー：

IP(知的財産)IDMメーカーへ提供する企業

ファブレス：

ファブ（工場）＋レス（ない）自社で製造をしないで、開発・設計に特化している企業

電気の流れを制御する：

電流のオン・オフの切り替えや、電流の1方向の通電や電気信号を増幅する。微弱な電流でも、電流を大きくする。電気エネルギーを電気に変換する。

デスクリート半導体：

ひとつの素子にひとつの機能がある半導体

オプト半導体：

光と電気エネルギーを変換する半導体

センサー半導体：

物理的、化学的な現象を電気信号やデータに変換する半導体温度、光、加速度、磁力、色などを検出する。

ロジック半導体：

演算処理やデータの制御が可能な半導体

メモリー半導体：

情報を保存できる半導体

LED：

Light Emitting Diode 発光素子

IC：

Integrated Circuit 単機能IC

LSI：

Silage Scale1000個以上の素子を集積させた複雑な動作をする。

第1章　地球環境の変化　25

回路が 1 つの半導体で実現出来る。

ASSP：

Application Scale Standard Product 特定用途の性能を高めた LSI
があり、メモリー情報を記憶する半導体、デジタル処理を行う
LSI はメモリーが必須でマイクロプロセッサ内にメモリーを混
載しているものも多い。

Shunt Regulator：

電圧を 1 定にするためのリニアレギュレータ（シャントレギュ
レータ）

Reset IC：

リセット IC は電池の出力電圧を監視し、電池電圧を監視し、
電池電圧が急激に低下する前にリセット信号を発し、機器の動
作を制御する。検出電圧が高精度なリセット IC を利用すれば
電池電圧が電池の使用時間を延ばすことが出来る。

パワー半導体

究極的なパワー半導体はダイヤモンドと言われている、シリコン半導体に比べて

　　　　高温動作は5倍

　　　　高電圧化は30倍

　　　　高速化は3倍

　　　　熱伝導率は13倍

と言われている、価格パフォーマンスと用途などから多角的に検討し、開発が進められている。

出典:『半導体の基本と仕組み』西久保靖彦著　p253　2021年　秀和システム参照

半導体の機能と役割

図表5. 半導体の主要技術の分野別市場シェア

	市場規模 (10億ドル)	米国(%)	台湾(%)	欧州(%)	日本(%)	中国(%)	韓国(%)
半導体チップ(最終製品)	473	51	6	10	10	5	*18*
設計ソフト	10	96					
要素回路ライセンス	4	52		*43*		2	
製造後工程	77	46		22	*31*		
ファンドリ	64	10	71			7	9
製造後工程	29	19	54			*24*	
ウエハー	11		*17*	13	57		*12*

ゴシック体の数字は第1位を表わし、イタリック体は第2位を表わす

2020年のデータ

出典:『2030 半導体の地政学 増補版』　太田泰彦　p34　2024年　日本経済新聞出版

世界的な半導体不足と国際問題

　半導体の不足が国際問題となっている。現在、世界の半導体業界を席巻しているのは、台湾のTSMC、韓国のサムスン、アメリカのインテルなどもそのほとんどは海外である。かつて、NEC、東芝、日立などが半導体市場を席巻していた時代もあった。

第1章　地球環境の変化　27

それが米国や韓国や台湾などの企業に取って代わられた。多くの優秀な日本人の半導体技術者は海外の企業に高給で招聘され、日本の半導体技術は全く国際競争力を失ったと言われている。いま日本の半導体企業は、キオクシア、ルネサスエレクトロニクス、ロームなどがあるが、自動車等に使用されている半導体は、海外からの輸入に依存しているのが実情のようだ。私事であるが2020年に私の所属していた企業から、米国のミシガン大学にある商品の研究・開発を依頼したが、ミシガン大学から台湾に依頼してあった半導体が間に合わず、完成が1年近く遅れてしまった。

量子と宇宙

量子論と素粒子

　物　　質……多くの分子からできている。

　分　　子……多くの原子が集まってできている。

　原　　子……原子核と電子がある。

　原子核……陽子＋中性子＋電子がある。

　陽子は 2 個のアップクォークと 1 個のダウンクォークがある。中性子は 1 個のアップクォークと 2 個のダウンクォークがある。クォーク・レプトン・ゲージ粒子、スカラー粒子は物質を構成する。現在、分かっている最小単位の素粒子からできていて 17 個の素粒子が分かっている。ヤン・ミルズ標準模型などで示され、素粒子のサイズは 0 と言われている。素粒子の働きを物理的に解き明かすのが量子論である。

　人間は宇宙のことについては限りない興味がある。実は宇宙のことは地球ではたったの 4.9% ほどしか分かっていない。あとの不明な領域のことを、総称して「ダーク」と言う。宇宙の正体不明の物質をダークマターと言い、それが 26.8%、宇宙の不明な力をダークエネルギーと言い、68.3% を占めていると言われている。また、従来宇宙観測は地上の望遠鏡を使って観測していた。現在は宇宙衛星や宇宙望遠鏡で X 線や赤外線などを使って観測出来るようになった。いま地球を含めて宇宙のことが少しずつ分かってきている。人間の目を使っての観測から宇宙望遠鏡を使って観測するようになっている。人類にも寿命があるように全てのものに寿命がある。地球にも太陽にも宇宙にもいつか終わる日が来る。人類は地球より早く寿命が尽きる。それは、人間の目では見ることの出来ないウイルスに侵されてのことかも知れない、戦争に使われる原子爆弾によるかも知れない。あるいは男性の精子の数が

第 1 章　地球環境の変化　29

減少して来ていると言われており、そのためかも知れない。気候変動によって風水害や交通事故で亡くなるなど原因となりうるものは数限りなくある。解決しなければならないことが多くある。そして、人間は愚かなので国境を越えて争うことを止められない。

　私達人類が地球上に生命を頂き生きているのは、全く偶然中の偶然と思う。

　太陽からの影響（恩恵）により生命は生きていられる。

1. 地球の太陽また、以下のような距離が1億4500万から2億8000万千km離れた位置ハビタルゾーンにあり、水が常温で液体のままであり生命居住可能な領域にある。
2. 地球の酸素濃度が30％であるから
3. 地球ができてから30億年経過していて、地球が人類の住める環境になった。

など、幸運にも偶然が重なり合って人類がいま、地球上にいる。どんなものにも寿命が来る。地球にも寿命はある。恐竜は1万年地球上に住んでいたと言われている。人類にも寿命はある。いつか人類が終わる時がある。なぜ人間は領土拡大のために争うのか、殺しあうのか、住みにくい環境にしてしまうのか、考え直す必要がある。

　競争と争いは違う。ビジネスには、競争は当然ある。正当な競争はそれぞれの企業の発展にもつながる。競争のない商売はない。しかし、武力を行使すればそれは戦争である。話は違うが、日本の戦国時代は、トップが領土を広めること、働きに応じて土地を与えることをした。それはトップが権力を握っている間は問題はない。スタートはトップに支配地域を拡大したいという欲望があり、そのために、周りに何人かの賛同者を作り、それに関係ない周囲の人まで強制的に巻き込み戦争を拡大させてきた。第2次

30

世界大戦でも身内の最も大切な人を失ってしまった家族が多くいる。実感として戦争は嫌悪すべきものである。地球や宇宙は人類のためにあるのではないか。いま地球上で生きていられるのは、偶然中の偶然である。そのことには心から感謝したいと思う。これは、不可能だと思うが、地球という同じ船に乗った仲間が、考え方や生活様式が違ってもお互いに理解し合い仲良く出来れば本当に良いことである。

量子と素粒子 (1)

量子の特性

　量子や光子は波でもあり、粒でもある（2重スリットの実験）。
状態の共存（ミクロの世界では、一つの物が複数の場所に同時に
存在する。

量子コンピュータ

量子ビット	従来のPC
10	1024個　2^2
20	100万個　2^{20}
50	1000兆個　2^{50}
・	・
・	・

ノイズとの戦いエラーの撲滅は当面50
ビットを目標にしている。
理化学研究所は日本初の量子コンピュー
タの開発に成功した。

量子と素粒子 (2)

図表6. ヤン・ミルズによる素粒子の標準模型（17種類の素粒子）

フェルミ粒子

クォーク	u アップ クォーク	c チャーム クォーク	t トップ クォーク
	d ダウン クォーク	s ストレンジ クォーク	b ボトム クォーク

レプトン	ε 電　子	μ ミュウ粒子	γ タウ粒子
	ν ε 電子ニュー トリノ	ν μ ミューニュー トリノ	ν γ タウニュー トリノ

ボース粒子

ζ グルーオン	ゲージ粒子
ε 光　子	
ρ ボゾン	
ϖ ボゾン	

η ヒッグス	スカラー粒子

32

素粒子は「物質を形作る素粒子」、「力を伝える素粒子」、「質量を与える素粒子」の３つのグループの計17種類があり、さまざまな物質を形作る素粒子が組み合わせでできている。これらの間にはお互いに力が働いている。物質を形作る素粒子＝物質粒子は「レプトン」と「クォーク」に分類され、レプトンは電子などの３つの粒子とこれに対応する３つの「ニュートリノ」の計６種類がある。原子核を構成する陽子と中性子はクォークからできている。レプトンと同じようにクォークには６種類ある。物質粒子間でお互いに引き寄せあったり反発しあったりすることで物質ができている。物質粒子が結び付くにはこれらの力を伝える素粒子が必要である。力を伝える素粒子は、強い力を伝える素粒子には、強い力を伝える「W粒子」、「Z粒子」がある。質量を与える素粒子はヒッグス粒子であり、これらは「標準理論」と呼ばれ、現在の物理学の基本になっている（量子と素粒子（2）参照）。

量子と素粒子（3）（SWOT分析）

図表7. スーパーコンピュータと量子コンピュータの特性

	スーパーコンピュータ	量子コンピュータ
強み	ノイマン型コンピュータとして技術が確立している	電力消費が少ない 並列処理ができる
弱み	消費電力が多い	現状で量子ビットの数が限定的製造・制御が困難
脅威	微細化の技術の限界	製造技術が進まない可能性がある
今後のチャンス	AI専用など専用チップの開発	ハイブリッド型による一部量子コンピュータ

第1章　地球環境の変化　33

量子と素粒子

　この世の中で最も小さい素粒子は、電子の仲間のクォークが６種類、電子の仲間の素粒子が６種類、物質を形作る素粒子の仲間である。その内、クォークの仲間の電子ニュートリノ、ミューニュートリノ、タウニュートリノは中性で電気を帯び、電子（原子を構成）、ミュー粒子（ミューオン）、タウ粒子はいずれもマイナスイオンを帯びていることが分かった。全述のように素粒子は世の中の最小の物質であり、その働きや素粒子そのものを研究するのが量子論や量子力学である。

　素粒子は現在分かっている、物質を構成している最小単位の粒子である。現在は17個の素粒子が分かっている（ヤン・ミルズの標準模型を掲載した）。素粒子の大きさは小さすぎて計測できないサイズはあるが０とされている。今後、時間は掛かると思うが、量子コンピュータが完全に使用できるように汎用化されれば、世の中のあらゆる面におけるスピード化が図られ、全く世の中は変わると思う。

岐阜県にある東京大学宇宙線研究所神岡宇宙素粒子研究施設

　神岡宇宙素粒子研究施設は岐阜県飛騨市神岡町の「スーパーカミオカンデ」では、ニュートリノの性質、宇宙、物質、星々の謎を世界40の大学や研究機関とともに解き明かしている。小柴昌俊、梶田隆章の２人がノーベル物理学賞を受賞している。病院などでレントゲン撮影をするとＸ線は肉を通し骨は通さないが、ニュートリノは全てのものを通す特性があるようだ。これは研究者にとっては非常にやりがいのある研究であり、海外からも研究者が参加している。

34

国際リニアコライダー ILC

　宇宙の始まりはまだ良く分からないようだが、例えば、東京大学の村山斉先生によると、天の川銀河の隣のアンドロメダ銀河は230万光年離れたところある。光の速さで行っても230万年掛かる。われわれは、太陽も8分前の「過去の姿」を見ているわけである。宇宙誕生直後の熱くて濃い「素粒子のスープ」のような状態で何も分からないので、はっきりした反応を見るには素粒子同志をぶつけるのが良いが、これがようやく可能となってきた。そこで国際協力によって「加速器 LHC」が作られることとなった。実は ILC（国際リニアコライダー）のような円形の加速器ではなく、全長30kmの直線状の加速器が想定されているが、日本の北上山地（岩手県）がその建設候補地になっている。これでさらに宇宙の始まりの状況に近づけると思う。電子も光子も素粒子で、もうこれ以上分けることが出来ない粒でありクォークと呼ばれる、暗黒物質の正体も ILC によって解明されることを期待している。

大型放射光施設 Spring-8

　兵庫県佐用郡佐用町光都にある、播磨科学公園都市内に、電子を加速・貯蔵するための加速器群と発生した放射光を利用するための実験施設及び各種付属施設がある。「Spring-8」の名前は電子の最大加速エネルギーである 8GeV に因んでつけられたようだ。後述の素粒子は高速に近いスピード分子を衝突させることにより素粒子が誕生する。高速で分子を衝突させるには全長で山手線の長さが必要のようだ。Spring-8 もほぼ同じリング状の施設である。同様の施設はイギリスにもあると言われている。素粒子は見えないものの研究であり理論でアプローチする部分もあるよ

うである。余談になるが「放射光」は太陽光の 100 億倍の明る
さであり、その光を使って、物質の原子、分子レベルでの形や機
能を調べることができる施設である。

素粒子と宇宙 (1)

宇宙：
　地上から 100km より遠くを宇宙と呼んでいる。気象衛星は地
　上から３万６千 km、ISS は 400km 離れたところにある。

宇宙の誕生：
　量子トンネル効果より無の状態から宇宙の卵が生まれたという
　説、真空のゆらぎから宇宙が生まれたという説がある。

真空とは：
　宇宙は真空だと言われているが、ごくわずかの原子や分子が存
　在していて絶対真空ではない。

宇宙間に飛び回っているもの：
　光、電磁波、原子、分子、ダークマター、宇宙線などがあると
　言われている。

素粒子と宇宙 (2)

地上が明るく、宇宙が暗いのは

地上は、空気中に浮いている細かいちりや水、気体の粒子などに太陽光が当たって乱反射するから明るい。

ハビタルゾーン

太陽からの距離で、1億4500万kmから2億8000万kmの間、水があり、生命居住可能は約138億光年までの距離、理論上は約464億光年まで広がっていると言われている。

ダークマター

ダークとは不明なこと。宇宙にはダークエネルギー69%、ダークマター26%、地球上では宇宙のことはたった5%しか分かっていないと言われている。

太陽

地球からの距離は1億4960万km/s、大きさは地球の109倍もある。また、地球から月までの距離は38万kmである。

宇宙に行く高度とスピード

飛行機は高度1万mまで時速800km、高速ジェット機は3000mまで時速3500km、第1宇宙には秒速7.9km、第2宇宙には秒速11.2kmが必要。地球の重力を振り切るには時速4万320kmが必要。

人工衛星を軌道に乗せる速さ

約7.9km/sである。これを宇宙第1速度という、地球の自転を利用すると、この速度以下でも軌道に乗せることができる。これは、ジャンボジェット機の約30倍のようである。

スペースデブリ

とは宇宙ゴミのこと。軌道上にある不要な人工物体、運用が終

わった人工衛星、故障した人工衛星、打ち上げたロケットの上段、ミッション遂行中に放出した部品、爆発や衝突により発生した破片等、10cm 以上の物体は約 2 万個、1cm 以上は 50 〜 70 万個、1mm 以上は 1 億個を超えると言われている。軌道上にあるデブリは衝突すると大事故となると言われている。

地球

地球は太陽の惑星の 1 つである。ほぼ回転楕円体で赤道の半径は 6378km ほどで地球の表面の空気は（0℃）で 1cm^3 中、約 2700 京の窒素や酸素などの分子が詰まっている。自転スピードは秒速約 370m である、地球では宇宙のことは、たったの 5% ほどしか分かっていない。太陽からの平均距離は 1 億 4960 万 km である、太陽光が地球に届くまでの時間は約 8 分 19 秒かかる。

生命科学

DNAと遺伝子のES細胞は将来、これらの細胞を使って臓器の再生が可能となるかも知れない。再生組織工学は現在の医療を根本から変える可能性を秘めている。具体的には先端医療分野への応用、食品や化粧品への応用、長寿科学などである。親から子へと形質が伝わることを「遺伝」という。親子に似るのは親の形質が子に伝わるためである。「形質」とは、髪や眼や肌の色、顔つき、体つき、性格、体格、行動など、それぞれの個体が独自に持つ特徴のことである。DNAや遺伝子のほとんどは細胞の核の中に入っている。ミトコンドリアDNAのように細胞の核以外の場所に存在しDNAにもある、私たちの体を作るために必要な、すべての遺伝子を持っている1組の染色体である。これらのことを生命科学と呼んでいる。

ES:Embryonic Stem cell　胚性幹細胞、　DNA:Deoxyribonucleic Acid デオキシリボ核酸

図表8. 染色体

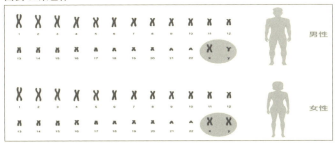

生命科学の用語の解説（acid and base）

先ず、生命科学のことを学ぶ前に、生命科学の分野で使用されている用語を理解しておくことが必要である。生命科学で使われ

ている用語はたくさんある。ここで挙げた用語はよく使用される頻度の高い用語である。生命科学と遺伝子工学に使用している分野の用語はこの他にたくさんある。

品種改良と遺伝子組み換え

遺伝子組み換え作物や食品が市場に出回って来ている。遺伝子組み換えと品種改良は結果からみれば、品種改良は時間をかけて自然と同じ交配を繰り返し遺伝子を変換していくのであり、遺伝子組み換えと同じであるという意見もある。遺伝子組み換えの作物や食品が安全であるかどうかは別として市場に出回っている（1部の組み換えを含める）。

酸と塩基（acid and base）

酸は、水に溶けると水素イオン化学記号Hを生じる物質である。塩基は、水に溶けると水酸化物イオンOHを生じる物質であることを追加する。

染色体

染色体は細胞の中にあって複数の遺伝子が記録されている構造体である。人はすべての正常な細胞の核には23対の合計46本の染色体が格納されている。それぞれの対を構成する染色体は、片方を母親から、もう片方を父親から受け継いでいる、22の常染色体と1対の性染色体あり、常染色体の対は、実際的な目的から、大きさ、形、遺伝子の位置と数は同一である。染色体は細胞の中にあって複数の遺伝子が記録されている構造体である。染色体品種改良と遺伝子組み換えの作物や食品が市場に出回って来ている。遺伝子組み換えと品種改良は結果からみれば、品種改良

は時間をかけて自然のまま交配を繰り返し遺伝子を変換していくのであり、遺伝子組み換えと同じであるという意見もある。遺伝子組み換えの（1部組み換えを含めて）作物や食品安全であるかどうかは別として市場に出まわっている。生命科学の用語の解説生命科学のことを知る前に、生命科学の分野で使用されている言葉を理解しておくことが大切である。生命科学で使われる用語はたくさんにある。ここに挙げた用語は生命科学で良く使用される頻度高い用語である。他に遺伝子工学に使用されている用語はたくさんある。

　染色体は、細胞の中にあって複数の遺伝子が記録されている構造体である。

・遺伝子は染色体内にあり、染色体は細胞の核にある。

・1本の染色体には数百から数千の遺伝子が含まれている。

・人間のすべての正常な細胞には23対（46本）の染色体が入っている。

・遺伝子により決定される特徴のことを形質といい、多くの場合、複数の遺伝子によって決定される。

・形質には、遺伝して受け継がれた変異遺伝子や新たな遺伝子変異により生じる。

遺伝子：

　　体の大きさや目の色など、生物の性質を決める「設計図」の働きをするもので、親から子へ遺伝する形で受け継がれるため「遺伝子」と呼ばれる。遺伝子の正体はデオキシリボ核酸（DNA）という化学物質である。

DNA：

　　遺伝子を作っている物質は2つの種類がある。1つはDNA、もう1つはRNA（リボ核酸）である。人間をはじめ多くの動

植物の遺伝子は DNA で作られている。DNA は、アデニン（A）、チミン（T）、グアニン（G）、シトシン（C）の4種類の「塩基」と呼ばれるものが何億個も対になって構成されている。人間の場合は、約30億の塩基が対でＤＮＡが構成されている。DNAの場合はアデニンとチミンと、グアニンはシトシンとしか結合しない。私達の体を作るために必要な、すべての遺伝子を持った1組の染色体、ゲノムは、細胞分裂の場合、変異遺伝子から来ているものもある。

性染色体、胎児が男性になるか女性になるかは、2本の性染色体によって決まる。男性はＸ染色体1本とＹ染色体を1本を持っている。男性のＸ染色体は母親からＹ染色体は父親からきている。女性はＸ染色体を2本持ち、1本は母親、もう1本は父親からきている。Ｙ染色体はＸ染色体より小さく、男性であることを決定する遺伝子と少数の他の遺伝子を含んでいる。Ｘ染色体にはＹ染色体より多くの遺伝子があり、その多くは性を決める以外の機能を持ち、Ｙ染色体上の対の片方はなく、男性は2本目のＸ染色体があるため、Ｘ染色体上のような遺伝子は対となるものはなく、ほぼすべてが発現する。

ゲノムは英語で「genome」と書き、「gene（遺伝子）」と「chromosome（染色体）」からできた言葉である。意味はその生物を決定する「DNA鎖の遺伝子情報の全て」のことを意味する。ヒトゲノムは約32億もの塩基対で構成され、約23,000個の遺伝子が含まれていると言われている。ヒトに最も近いチンパンジーのゲノムはヒトと同じ約32億塩基対で、その違いはたった2%の塩基配列の違いと言われている。遺伝子は、身体を作るためのデータ、遺伝子をもとにしてタンパク質が作られる。人間の遺伝子は2万種類、3万2千個あると言われてい

る。DNA ゲノムは、遺伝子の物質として細胞の中の DNA に含まれている。生物の DNA が持つ全ての遺伝子情報のセットを「ゲノム」と呼ぶ。ゲノムがヒトを含め、生物の特徴を決めている。人間の体の細胞は約 37 兆個あると言われている。遺伝子は身体を作る設計図であり、遺伝子情報を元にタンパク質が作られ、それが「細胞の材料」や「ホルモン」や「酵素」であったり、生きていくための様々な機能になっている。

品種改良

品種改良とは植物や家畜などについて、もとは食べるところが少なかったり、美味しくなかったり、見た目が悪かったり、病気に弱かったりしたものを長い年月を掛けて人間が改良してきた、異なった性質を持たせるようにしたものである。動植物交配して、それぞれの良いところを取って個体を作る交雑交配である。具体的に言うと、イネの「コシヒカリ」、ジャガイモの「男爵」、リンゴの「ふじ」、ウシの「ホルスタイン」、ブタの「バークシャー」など、私達にとって品種改良は身近なことである。ある面、品種をより良くする開発行為であり、有用な野生種を大量生産しようという試みである。マグロの完全養殖などはこの行為である。1つ問題となるのは、自然の摂理に反する行為である。

1. 遺伝的な多様性が失われる
2. 環境破壊につながる

などがある。

ネパールの 3000m の山地で栽培しているソバは赤色の花が咲

いている。日本ではソバの花の色は白色である。信州大学農学部の教授が、この種を持って来て日本で蒔いたが赤色の花は咲かなかった。品種改良の方法も変わって、その品種が先祖返りしないように栽培しているようである。でも、全部のソバが赤色の花が咲くようになるまでの品種改良の時間は10年以上掛かり、バイオテクノロジーで実行すれば何カ月かでできると聞いている。しかし、商品については、自然ない生育方法であるから慎重に検討していかなければならない。全世界の食料はアンバランスあるが、現在は総量では概ね足りていると思う。生産者は気象条件、紛争などあらゆる外的な悪条件にさらされることもある。自然の摂理は侵すことのないように出来るだけお互いに守っていくべきと思う。

図表 9. 動物細胞と植物細胞

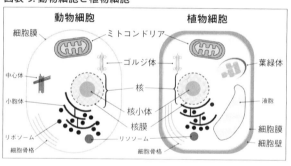

遺伝子組み換え食品

遺伝子組み換え食品とは、別の生物の細胞から取り出した有用な性質を持った遺伝子を、その性質を持たせたい動植物等の細胞の遺伝子に組み込み、新しい性質を持った動植物を生み出すことである。遺伝子組み換えによって害虫に強い性質や、栄養素を高めたり、除草剤に強いなどの新たな性質を持たせるように特性を加えるのである。

遺伝子組み換えとゲノム編集

遺伝子組み換えは、品種改良と違って新たな性質を持つ作物を作るために、何世代もの交配を行い、求める性質が現れるのを待つ必要があり、そのために時間が掛かり、明確な時間が分からない。遺伝子組み換えであれば、何世代にも渡る交配は不要である。

　問題は、人間が遺伝子組み換えの作物を食べるとアレルギーの原因になるのではないか、除草剤への耐性の遺伝子を組み込んだ作物の花粉が、何らかの形で雑草に組み込まれる可能性があるのではないか、などが挙げられている。

　世界が抱える食料問題、全世界で生産されている食糧は約26億5千万トン以上と言われている。そのうち13億トン余りが捨てられている。開発途上国では飢餓では飢餓人口増え、「食の不均衡」が起きている。その原因は気候変動、紛争、機材危機などであると言われている。国連の調査によると、2020年の時点で7億6000万人が飢餓に陥っていると言われている。難問かも知れないが紛争を減らし、食品のロスをなくし、地球本来の生物・自然環境が円滑に機能する社会の実現が大切ではないか。バイオテクノロジーの研究は大切だと思うが、食糧危機に対して人間、

個人個人で出来る事はまだまだたくさんにある。まず、その努力を優先して実行すべきである。食料問題の解決は、言うは易く行うは難しであるが、余り科学に頼りすぎないようにしたいものである。

図表10. 遺伝子組み換え食品の安全性

作物	性質
大豆	特定の除草剤で枯れない特定の成分（オレイン酸など）を多く含む
じゃがいも	害虫に強い ウイルス・病に強い
なたね	特定の除草剤で枯れない
とうもろこし	害虫に強い 特定の除草剤で枯れない
わた	害虫に強い 特定の除草剤で枯れない
てんさい（砂糖大根）	特定の除草剤で枯れない
アルファルファ	特定の除草剤で枯れない
パパイヤ	ウイルス・病に強い

出典：厚生労働省「遺伝子組み換え食品の安全性について」

アレルギー

お子さんや家族のアレルギーでお困りの方がいると思うが、アレルギーは、その原因となるアレルゲン（抗原）の体への侵入経路によって3種類に分けられている。身を守るための「免疫」という仕組みが備わっている免疫の働きがアレルギーの症状を引き起こす。それらが「食物性アレルゲン」、「吸入性アレルゲン」、「接触性アレルゲン」である。なお、アルゲンの要因となるものは、以下の表に明示してある症状は、くしゃみ、発疹、呼吸困難等がある。

アレルゲンの種類

1. 吸入性アレルゲン

   室内：ほこり、カビ、ダニ、畳、ソバガラ、ペットの毛、衣服、
   　　　寝具（綿、絹、羊毛、羽毛）、建材に使用される化学物
   　　　質（ホルムアルデヒド、VOC など）

   花粉：ブタクサ、カナムグラ、スギ、アカマツ、ススキ、ヒメ
   　　　ガマなど

   カビ：アルテルナリア、ペニシリュウム、カンジダ、クラドシ
   　　　ポリュムなど

2. 植物性アレルゲン

   卵、乳、小麦、そば、落花生、えび、かに、大豆、いか、いく
   ら、鮭、さば、牛肉、鶏肉、豚肉、くるみ、やまいも、オレン
   ジ、キウイフルーツ、もも、りんご、バナナ、ゼラチン、あわ
   び、まつたけ、ごま、カシューナッツなど

3. 接触性アレルゲン

   化粧品、塗料、衣服、金属、うるし、ラテックス（ゴム）、寝

具類、ヨード、洗剤など

出典：『アトピー・アレルギー克服応援ブック』NPO法人アトピッ子地球の子ネットワーク著　2010年　合同出版

アナフィラキシー：

　アレルギー反応の中で、特に重い症状を引き起こし、生命の危機がある場合がある。一刻も早く医師に治療してもらうことをすすめる。

LGE：

　late gadolinium enhancement の略、心筋遅延造影剤を静脈注入し、数分後に特殊な条件で MRI の撮影を行うと、心筋がダメージを受けている箇所がわかる。

第2章

経営課題

この章では下記のようなことについて一緒に学びたいと思う

- 何のために、誰のために企業の経営を行うのか
- イノベーション（改革、改善）の意味
- 既存事業の変革（既存事業を画期的に変える）
- 人材の質を上げる仕組みを作る（企業に合った人事評価制度）
- 経営計画を作る
- 新規事業開発
- 為替レート、株式の知識
- 社会のために会社と社員は何を為すべきか？

企業経営

　企業の経営とはいったい何か、何のために、誰のために企業経営を行うのか。企業の経営はステークホルダーのために行うのである。企業はステークホルダーの支援なしでは存続できない。

　では、ステークホルダーとはだれなのか。それは社員、お客様、協力会社、株主、金融機関、行政官庁、大学など企業をサポートしてくれる個人や団体である。これらのうちの1つの支援がなくては企業経営は成り立たない。企業はこれらの支援を通してはじめて、仕事ができ、社会貢献もできる。世の中で必要とされない企業は存続できない。

図表11. 会社の3つのイノベーション

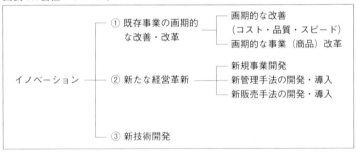

　企業のイノベーション、特に製造業の場合には、3つのイノベーションがある、1つ目は既存事業のイノベーションであり、2つ目は新しい事業のイノベーションである。3つ目は新技術開発である。既存事業の経営革新（イノベーション）は、日頃の生活の糧を稼ぐ所なので絶対におろそかにはできない。2と3のイノベーションは、既存事業が稼いでいるから、新しい事業のイノベーションが可能となり、3の新技術開発も可能となる。既存事業のイノベーションは画期的な改善である。企業経営はその時代の環境に

適応して発展していかなければならない。企業は生きものであるから、今日も、明日も、将来もステークホルダーと共に、元気に生きていかなければ、企業を設立した意味がない。企業はステークホルダーの支援があってはじめて生き延びていかれると思う。ステークホルダーと共に社会貢献をし、社会に必要とされる企業になれるのではないか。そのためには企業はイノベーションを継続して行う必要がある。

図表 12. 企業経営

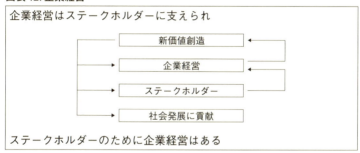

　企業は絶えずイノベーションを行い、顧客価値を増やしステークホルダーに還元することによって存続しているといえる。ステークホルダーなしには企業は存続できない。ステークホルダーとは、顧客、社員、株主、協力企業、金融機関、行政官庁など、そのグループや個人からの支援がなければ企業は存続しえないようなグループや個人をいう。企業はお客様に対してより使い勝手の良い、安価な商品やサービスを提供できるよう努力しなければならない。先日、都内のホテルで買い物をした時に、ストローとスプーンの原料に紙を使っていた。従来からの延長線にはビジネスはなく環境に配慮した商売がお客様からの支持が得られる時代がすぐそこまで来ていることを感じた。非常に難しいことである

けれど、お客様は安易な値上は認めなくなってくる。後述するが知恵がビジネスの成否を決めるようになる。

企業の役割

　世の中にはたくさんの企業があり、社会が必要とする商品やサービスを提供している。多くの人が企業で働き賃金を得ることにより多くの人々の生活が成り立っている。また、企業はビジネスを行うことにより利益を出し、その中から法人税の他、多くの税金を払っている。また、働いている人達も働いて得た賃金の中から、所得税他の税金を払っている。企業は、社員や顧客や多くの人に支えられて事業が成り立っている。この個人や団体のことをステークホルダーと呼んでいる。これらの１つが欠けても事業は成り立たない。ステークホルダーとは、顧客、社員、株主、協力企業、金融機関、行政官庁、地域等である。企業経営によって、顧客価値を創造し、増やすことによって得た価値は、企業を支援しくれているステークホルダーに差し上げて、引き続き支援が得られる。このように考えると、企業経営はステークホルダーのためにある。

　企業経営には、数多くのイノベーションがある。製造業の場合その中から主な３つを取り上げれば、既存事業のイノベーション、新たなイノベーション、新技術開発である。今すでに事業をやっている企業は既存事業は今の飯のタネであるから、絶対におろそかにはできない。既存事業は言わば生きていくためのビジネスである。既存事業のイノベーションは、画期的な改善（コスト・品質・スピード）と画期的な商品改革である。具体的に言えば自動車でハイブリッド車が既存事業の画期的な改善であり、燃料電池車は新規事業開発である。改善は企業にとって止めることのでき

ない永遠のテーマである。

　通常改善は、製造業や営業の第一線で日常業務のなかで毎日のように行われている。既存事業のイノベーションは今日や明日の企業の言うなれば生活の糧を作る最も重要な業務である。

イノベーションとは

イノベーション（Innovation）は辞書によると
1. 新機軸、革新
2. 新製品開発、新生産方式の導入、新市場開拓、新原料・新資源開発、新組織形成、などによって、経済の発展や景気環境の改善がもたらされるとする概念

シュンペーターの用語、また、狭義には技術革新の意に用いると書かれている。多くの企業はイノベーションを、企業経営のすべての分野で統合的に行う必要がある。

　物事のあらゆる面で新しい考え方や技術を取り入れて、新しい価値を生み出して、社会に大きな変革をもたらすことがイノベーションである。イノベーションという言葉はオーストラリアの経済学者シュンペーター（1883 ～ 1950）の著書『経済発展の理論』の中で述べている。シュンペーターは経済発展には企業家（アントレプレナー）によるイノベーションが重要と述べている。
　また、米国では、イノベーションは4つに分類されるという考え方もあるようだ。
1.構築的革新　2.革命的革新　3.間隙創造的革新　4.通常的革新

第2章　経営課題　53

多くの企業でイノベーションに、新規事業開発、新管理手法、新販売手法の３つを取り上げている。

在庫管理改善の実例

メーカーにとって在庫管理は経営上のコスト、スペースなどの非常に重大なテーマである。ここで具体的な事例を紹介する。

長野県のオフィス用スチール椅子を作っている会社の事例である。この会社は毎月約50種類の椅子を約２万脚生産している。年間では約500種類のスチール製の椅子を生産している。その資材や部品は膨大のものであり、費用やその部材スペースの置き場がいっぱいである。そのことを考えると資材を何とかして減らすことが大きな問題であり悩みであった。

社長からはこの在庫を減らすように工場長に指示されていた。そこで工場の課長の考えは、主要材料と部品在庫を０にしようと思った。

課長は組立部品や原材料の在庫が多いから、組立部品の不足や材料の欠品が生じるのだと考え、課長は工場長と相談して、当日の組み立てに必要な部品材料の数量を絞って資材からの発注を現場からの発注に切り替えることが実態から見て合理的であると考え、従来は資材部から材料業者に発注していた業務を資材部から発注していたものを組立ラインの現場からの発注に切り替えた。結果、組立ラインの資材切れや部品切れが無くなり、部門間のトラブルもなくなった。在庫は１日分だけとなったため資材や組立部品の在庫は大幅に減少し、倉庫のスペースは驚くほど空いてきた。

また、別の事例では、組立ラインのコンベア化により生産は組立ライン中、１番遅い人の作業スピードに合わせるため、生産効

率が非常に悪いことが分かった。そこでコンベアによる椅子の組立を廃止し、個別に全行程を1人で行うように変えた。これらの改善により生産性は極端に上がり、資材在庫は1日分持つだけとなり建物1棟分のスペースが空いてきた。その空いたスペースは別の業務や従業員の福祉に活用できるようになった。

　また、座などのクッションとなるウレタンフォームの運搬は空気を運んでいるようなものなので運搬コストは膨大である。これも原液を購入し成形するか半製品、完成部品としてユーザーに送り、そこで組み立てるなど変化してきている。

　改善やコストダウンは企業にとって永久に終わることのないテーマである。

2つの企業会計

企業会計には主に2つの会計処理がある。

【財務会計】

法律で義務付けられている、過去のある期間のある時点での企業の業績と財産の状況などを報告するための会計（バランスシート、損益計算書など）である。

【管理会計】

企業経営の現在や将来のための管理の道具として活用する会計である。例えば、直接原価会計では、費用を直接生産に掛かる材料費などの費用を変動費（比例費）と呼び生産に関係なく掛かる費用の固定費に分ける。管理会計は、予算案の作成や統制、損益分岐点、売上高の計算、固定費の管理、原価計算など経営や管理の道具として活用されている。

　会社経営の実態や将来のための目標を数字で具体的に表わすのが、財務諸表である。1つは財務会計であり、もう1つは管理会計である。財務会計は法律の定めがある。例えば、管理会計は会社の将来や戦略を予測する予算書作成などであり、経営管理に必要な原価計算や事業を計数で表わすのが管理会計である。

　会社経営の実態や将来のための目標を数字で具体的に表わすのが、財務諸表である。1つは財務会計であり、もう1つは管理会計である。財務会計は法律の定めがあり、一定の期間内に作成して行政官庁他に提出しなければならない。

　管理会計は会社の将来を戦略を予測し、予算書作成、経営管理に必要な原価計算や事業を計数で表わすのが管理会計である。管理会計は企業経営を数字で管理するのに必要不可欠である。企業

56

に合った易しく多くの人に理解してもらえる管理会計制度を作るべきである。

　企業が会計処理をして報告書にしている財務諸表には、法律で定められているものと、企業が経営管理の目的で作成しているものがある。

　財務会計は、法律で定められている財務諸表（financial statements）は、企業の利害関係者に対して一定期間の経営成績や財務状況等を明らかにするために複式簿記に基づいて作成される書類であり、決算書とよばれている。日本の会計基準では、貸借対照表（B/S）、損益計算書（P/L）、キャシュ・フロー計算書（C/F）、株主資本等変動計算書（S/S）が財務諸表に含まれる。

　管理会計（Management accounting）は自社の経営に活用するため、社内向けにまとめる会計のことである。管理会計は企業によって内容が違う。概ね予算書の作成や予実管理、原価管理、経営分析、資金繰り管理等である。一般的には費用を固定費と比例費に分ける。管理会計では特に固定費の管理が重要である。管理会計は会計情報を経営管理者の意思決定や業績評価をすることによる企業経営のツールである。

図表 13. 貸借対照表（B/S）

令和　　年　　月　　日　　　　千円

資産の部	負債の部
Ⅰ　流動資産	Ⅰ　流動負債
	Ⅱ　固定負債
Ⅱ　固定資産	Ⅰ　株主資本 1 資本金 　利益

貸借対照表の左側はある**時点**の財産を表す。その資産をどのような負債（借入金等）で調達したのかを表している。
資本の部は資本金として資金と事業で得た利益金の留保を表す。バランスシートの当期利益は損益計算書の当期利益と一致する。

第 2 章　経営課題　┃　57

貸借対照表（Balance Sheet）

　B/S バランスシートとも言う、貸借対照表の左側（借方）は例えば、本年3月31日時点の会社の財産（資産）の状態を帳簿価格で表している。右側はその財産は借入金（負債）か自分のお金（資本）で調達したかを表している。資産はある時点の財産の状態をあらわし、流動資産と固定資産に分けられる。流動資産は概ね1年以内に換金できる資産をいう。現金・預金は当然含まれるが、受取手形、売掛金などもある。次の棚卸資産は、まだ販売されていない在庫として蓄えている製品、材料、貯蔵品などである。有形固定資産には土地、建物、機械、車両、備品などの科目がある。また無形固定資産には借地権、ソフトウェア、投資・有価証券などがある。会社財産はバランスシートの左側に流動資産、棚卸資産、有形固定資産、無形固定資産に分けて掲載している。貸借対照表の右側には、この資産をどのようにして調達したか明確にする。他人のお金である負債、自分のお金である自己資本について述べる。まず、他人のお金の負債である。

限界利益

　売上高から、変動費を差し引いた残りの金額を限界利益と呼ぶ。これは、固定費がこれを上回れば赤字となることからここが限界であるという意味で限界利益という（変動費は売上高に比例して掛かる材料費、外注加工費等をいい比例費とも呼ぶ）。また、この限界利益÷売上高＝限界利益率という。さらにこの限界利益率で、固定費を割ると損益分岐点売上高が求められる。

　固定費÷限界利益率＝損益分岐点売上高である。限界利益は財務会計の売上総利益と似ている。

　まず、他人のお金の負債について述べる。負債にも流動負債と

固定負債がある。流動負債は概ね1年以内に支払いが決まっているもの、例えば、支払手形、買掛金、短期借入金、未払金、未払費用、前受金、預り金、賞与引当金などである。

　固定負債は1年以上先に支払が予想される長期借入金、長期未払金、退職給付引当金などがある。

　自分のお金である資本金は会社設立の時に株主から払い込まれた金額、その後増資によって資本として払い込まれたお金であり、資本金と剰余金に分けられる。剰余金には資本剰余金と利益準備金がある。これらの資本積み立てには法的な決まりがある。その他に自己株式を保有すれば資本勘定に載ってくる。また、バランスシート総資本で自己資本を割った数値を自己資本比率と呼んでいる。経営分析には、企業の成長性、収益性、安定性などを計る指標がなどがある。自己資本比率は企業の安定性の指標として重視される。

損益計算書

　財務会計の損益計算書は、簡単に言えば、例えば3月決算の会社は、昨年4月1日から本年3月までの<u>期間</u>にどれだけの売上高があり損益の状況はどうであったかを表している。

　P/L（Profit and Loss statement）と呼ばれる。

　損益計算書には、ある期間の収益・費用・利益の3つが記載されている。さらにどの段階でどれだけの儲け（損失）があったかを詳しく見るために、5つの利益がある。売上総利益、営業利益、経常利益、税引前当期純利益、当期純利益である。それぞれの利益は企業経営の大切な意味がある。売上総利益は商売そのものの良し悪しを表している。営業利益は商品そのものの付加価値と営業の仕方にも関係する成果の結果の数字である。経常利益は

第2章　経営課題　**┃**　59

通常のビジネスを行った結果であり、企業の競争力の結果を表している。当期純利益は企業そのものの実力と変化する企業環境にどう対応出来たかの結果である。財務諸表は企業の実力を表しているので、企業環境のせいにしてはならない。

図表 14. 損益計算書 (P/L)

損益計算書 自 令和 年 月 日〜 至 令和 年 月 日 売上高 売上原価 　売上総利益 販売費及び一般管理費 　営業利益 営業外収益 　経常利益 特別損益 　税引前当期純利益 法人税等 　当期純利益	損益計算書は会社のある**期間**の収益の状況を表している。 売上総利益：製造業の場合売上高から工場の費用を引い額 営業利益：関係商品を販売して得た利益 常利益：通常の事業行為によって得た利益 税前当期純利益：税金を支払う前の利益 当期純利益：当期の利益に対する課税後利益

図表 15. 利益の段階別種類

売上高 売上原価	売上総利益	
販売費及び一般管理費	営業利益	粗利・粗利益とも言う。その後の収益に影響する、付加価値の大きさを表す。 製造業の場合は本業で稼いだ利益である。多いほど良いビジネスを展開の可能性がある。この利益は事業の経常的に得た利益を表す。
営業外費用	経常利益	
特別損失 特別利益	税引前当期純利益	税金を納める前の利益
法人税等	当期純利益	企業が最終的に稼いだ利益の額

資本勘定

　資本金・資本準備金・利益準備金など資本に属する勘定の総称。下記の通りである。また、純資産の部の資本勘定を総資産で割ったもの。

図表 16. 資本金の内訳

資本金		
株主資本	資本剰余金 その他の資本剰余金 利益準備金、利益剰余金 その他の利益剰余金	増資の際などに発生した余剰金 資本金、資本準備金の取崩よって出る剰余金 配当金額の 10 分の 1 を積み立てる。 企業が生み出した利益を積み立てる。 任意積立金と繰越利益剰余金がある。
自己株式		法律的な規制がある。

図表 17. 管理会計の実例

管理会計は自社の経営に活用するために、社内の管理に使用される目的の会計である。決まったフォーマットはない。費用を固定費と変動費に分ける。売上に比例して掛かる費用には、原材料費、外注加工費、外注加工費、発送費などがある。売上に関係なく掛かる費用を固定費と呼ぶ。例えば減価償却費、支払利息などがある。日本の場合、生産変動による人員調整はできにくいので人件費を固定費の中に入れる企業が多い。	売上高（生産高）	
	比例費 限界利益 固定費 経常利益	限界利益率

第 2 章　経営課題　61

損益分岐点売上高

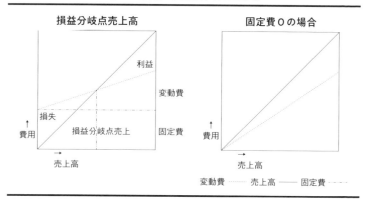

損益分岐点売上高

　左の図表は通常の損益分岐点売高を示している。右の図は想定であるが売上に対して変動費のみで、しかも売上高に対して材料費などの変動費が少なく、固定費が0の場合には、損益分岐点売上はなくなり、常に利益が出ている状態を示している。これは固定費が少ないほど損益分岐点売上高が低くなることを意味している。できるだけ不要の固定費を抑えることが重要である。固定費の管理は重要である。

限界利益

　売上高から、変動費を差し引いた残りの金額を限界利益と呼ぶ。これは、固定費がこれを上回れば赤字となることからここが限界であるから限界利益という（変動費は売上高に比例して掛かる材料費、外注加工費等をいう。比例費とも呼ぶ）。また、この限界利益÷売上高＝限界利益率という。さらにこの限界利益率で、固定費を割ると損益分岐点売上高が求められる。固定費÷限界利益

率＝損益分岐点売上高である。限界利益は財務会計の売上総利益と似ている。

固定費の管理

1. 固定費を直接減らす。
   人件費、減価償却費、金融費、間接費、管理費等の固定費を直接減らすか、稼働日、稼働時間を増やす。
2. 固定費の変動費化
   コアとなる部分以外はアウトソーシングを検討する。
3. 固定費の対象となる業務の質の向上を図るノウハウ
   人材育成、R&D、管理は社内は勿論、外部との連携により積極的に質の向上を図る。
4. 固定費を掛けた部門が蓄積したノウハウを活用して新しいビジネスを行う。
   （固定費は売上に関係なく掛かる費用のこと）

固定費の管理

　固定費の管理は最も大切である。図表や文章で説明しているように、固定費が多いと損益分岐点売上高が高くなる。たくさん売上を上げないと事業は赤字になってしまう。極端な例だが、図の右のように商品の開発と設計は自社で行うが、製品の生産をすべて外製にすれば固定費がほとんど掛からない（通常は有り得ないが）。もし、固定費が０であり、売上に対して比例費の方が少なければ、赤字にはならないことを説明している。固定費の管理は大切である。

第2章　経営課題　63

固定費の管理は、固定費になっている人員、資産、借入金間接部門の無駄を見直す、設備の稼働時間を延ばす、固定費の変動費化（コア以外は外注する等）を図る、固定費の対象となっている人・モノ・金・情報などの固定費の対象となっているものの質の向上を図る、固定費を掛けた部門が蓄積したノウハウを活用して新しいビジネスを行う、などである。

損益分岐点売上高の計算実例

損益分岐点売上高の計算は

売上高－変動費＝限界利益	100 － 40 ＝ 60
限界利益÷売上高＝限界利益率	60 ÷ 100 ＝ 0.6
固定費÷限界利益率＝損益分岐点売上	50 ÷ 0.6 ＝ 83.3

売上高 ＝ 100　固定費 ＝ 50　変動費 ＝ 40　利益 ＝ 10 で計算すると

損益分岐点売上 83.3 ×変動率 0.4 ＝変動費 33.3

損益分岐点売上 83.3 －変動費 33.3 ＝限界利益率 50

限界利益 50 －固定費 50 ＝ 0 となる。

新たなイノベーション

前述のとおり新たなイノベーションでは次の３つを取り上げる。

1. 新規事業開発

　人づくり

　コンセプト作り

　アウトソーシング

2. 新管理手法の開発・導入

　新品質管理

3. 新販売手法の開発・導入

　マーケットリサーチ

　信用を（売⇒得）る

　新事業開発はとても難しい仕事だと思う。高学歴で有名大学を優秀な成績で卒業した人材が新規事業開発の仕事に向いているとは限らない。アイデアを出すことのできる人が良いと思う。全く新しい市場に無い商品の開発は、かなり困難である。例えば、スマートフォンはいきなり出来たわけではない。固定電話があって、重い大型の携帯電話が出来、少しずつ小型化し、完成された。今のスマートフォンは、電話機能は勿論、パソコンの機能を持っている。今後の機能は予測できない。このように他の技術の進化を取り込んで、姿も機能も全く電話器とは言えなくなってきている。自動車もハイブリッド車から、燃料電池車、空飛ぶ車などが出てくる状況である。今あるものから全く新しい機能の物が生まれてくる。これも新規事業と言える。

　TSMCは1987年に台湾で創業し、現在は世界最大級の半導体メーカーになった。30年余りで世界の他の半導体メーカーの追

第2章　経営課題　**65**

従を許さない、技術と資金を持った企業となった。TSMC については後ほど触れる。

　事業は、人が行うので人作りが最も大切である。良い人を採用し、良い処遇と仕事のチャンスと機会を与えて、技術を向上する機会を作り、良い人間性を形成出来るように指導する。

　新しい事業に掛かる前にコンセプト作りをし、試作に取り掛かる。マーケティングと社内と大学などの専門家に評価をしてもらうなどして新事業の立ち上げに漕ぎつける。

　また、新管理手法は IT を使用し、前からの手法を新しい感覚を持って 0 からのスタートで見直し、新しいその企業に働いている人達が共感を持てるシステムを現場と一緒に考えて制度作りに取り組むべきである。

　販売は、作ることより遥かに難しい。マーケットリサーチは必ず行う。場合によっては、自社だけではなく外部に委託することも検討する。開発・製造した商品をお客様が買ってくれて初めてその事業は成功したことになる。

　企業の将来は、新規事業開発を考え、試み、新しい事業を成功させられることができるかで決まる。新規事業開発は大変難しい仕事である。特に中小企業の場合は大物を狙うのではなく、成長分野で大企業が算入しにくい、例えばカスタムに近い小さい分野が良いと思う。中小企業の新規事業は小さく生んで大きく育てることが大切である。前述のように、中小企業の経営のトップは何時も新事業については考えて、考えて、考え抜くくらいの努力が必要である。携帯電話もスタートの頃は、大きくて重くて通話の機能しかなかったが、現在は PC 以上の能力を持つようになっている。学校の成績とアイデアを出す能力は違うと思う。新事業開発を怠れば会社の将来がない。現在の仕事が長く続くことを願う

一方、新事業開発を怠れば企業の将来が不安だと言う人がいることも事実である。

守・破・離

　難しい専門的な話題を取り上げてきたので、ここで少し息抜きをしたいと思う。ここでは教育訓練の基本である、学ぶと言うことについて、日本の伝統的な武芸について述べる。

　日本の伝統的な、芸の道を究めるには「守・破・離」ということばが伝えられている。例えば、剣道、柔道、茶道、華道などに取り組む姿勢として、

　　守：基本をしっかり学ぶ

　　破：基本をしっかり応用できるようになる

　　離：独自の境地と悟り開く

ということが言われている。

品　質

　品質には 2 つの品質があると言われている。

一次品質：

　　使用目的に応じた商品を形成する、材料、寸法などの物理的性質と化学的性質による商品の基本的要素となる品質。

二次品質：

　　「顧客の利用時の品質」、利用者の使い勝手が良いかなどの顧客満足度に直接影響のある最も重要な品質。

　品質は検査体制を厳しくすることではなく、品質保証体制設計の段階で、設計、製造、販売、品質部門が一体となって品質を作りこむことが大切である。

第 2 章　経営課題　67

品質管理

　もし、ISO）9001ほかの認証取得ができていないのであれば、取得することによって企業の品質保証は数段上がる。また海外取引をする場合は、国によって認証がなければ取引できない場合もあるのでよく調べておくことが必要である。

　もともと日本の品質管理は米国から教えてもらい、世界に名立たる良品質の国となった。米国では品質管理は6σの管理を行っているが、従来日本は3σの品質管理を行ってきた。これは製品検査を厳しくするのではなく、商品企画の段階から、企画、設計、製造、営業などが、とことん話し合って不良品の出ない設計にしているからである。3σは100万個で7万6千個の許容差があるのに6σは100万個の商品に対し3.4個の許容差である。不良品は材料費、加工費の損失を生み、内外からの信頼を失ってしまう。品質管理は企業の信頼性を確保するための重要な仕事であるが、安価で使い勝手の良い商品をお客様に提供することが、メーカーの責務である。

図表18. スピード

項　　　目	対　応　策
意思決定のスピード	組織の簡素化、権限の委譲
調査、研究のスピード	顧客の意見を聴く仕組みを作り
開発のスピード	自前主義にこだわらない
デリバリーのスピード	外部活用、部品調達の合理化
ものづくりのスピード	標準化の推進、小型汎用ロボットの活用
アフターサービスのスピード	顧客の発見
保守のスピード	IT,AIの活用
【スピードは企業の業績や、商品のコスト・サービスのコストや使い勝手に影響を与える】	

日本のものづくりの第1線

　工場の第1線では、小型汎用ロボットを活用して、省人化と多品種少量生産への対応を迫られるようになりつつある。これは第1線の知恵を出す訓練にもなる。多品種少量生産により、これからはカスタムまたはカスタムに近い商品の生産量が主流になる時代であり、商品の大量生産、大量販売の時代は終わった。カスタムの受注でも対応できるような受け入れ体制を取ることで生産の第一線の体制を整えていく必要がある。自社製品の場合も度々の設計変更に対応していかなければならない時代である。

　一方、コストは大量生産の時代と同じであるという現実がある。日本の工場の第1線には知恵のある人物が大勢いる。この人物の知恵をビジネスに活用していけば国際市場でも必ず勝てると思う。この製造の第1線の知恵を活用していくことにより、日本は世界一の品質・コスト・スピードで必ず勝てると信じている。日本の第1線は他の国にはない底力がある。日本の製造ラインの力には素晴らしいものがある。

　新しい商品の販売や新しいビジネスをスタートアップさせるタイミングは非常に難しい。早すぎても遅すぎても新しいビジネスは成功できないスタートアップのタイミングによって成否が決まることさえある。企業の運命を決定するような重要な意思決定についてトップは慎重な検討をしなければならないことは勿論であるが、早期な意思決定も大切である。日本の稟議制度などを見直すことも必要なことであると思う。スピードはお客様の信頼を得る上で重要である。商品・サービスはお客様の必要な時に必要な品物やサービスを提供しなければならない。品質と価格については前述の通りである。調査・研究についてはお客様のために商品とその情報を一緒に提供することも大切である。アフターサービ

ス・保守のサービスについてもお客様に直接お知らせしておくことも大切である。顧客と直接関係する商品・サービスの内容はその企業のノウハウでもある。お客様との直接の接点を増やすことにもなり、お客様に事業情報を聞ける機会ともなる。「事業はお客様に習え」である。

新規事業開発

【新規事業開発】

1. 新規事業開発は人作りである。

2. マーケティングリサーチと技術評価は徹底して繰り返し行う。

3. ビジネスプランは必要に応じて繰り返し作成する。

4. コンセプト作りで事業（商品）の優位性、差異性、新規性を検討し対策を練る。

5. 新規事業の企画と商品設計は問題の起こるたびに見直しをする。

6. 新規事業を具体化する人材を探して、確保する。

7. 素材の検討は繰り返し行う。

8. 軽量化、スモールサイズの検討は絶えず行う。

中小企業の新規事業開発

中小企業の新規事業開発で重要なこと

1. マーケットリサーチ

新商品を買ってくれる顧客はどこにいるか、また顧客が開発を期待している商品やサービスはどのようなものか、その商品の機能はどのような機能を持つ商品なのか、価額の妥当性、使い勝手はどうかなど顧客のニーズを出来れば現場で掴むことが必要である。それをマーケットリサーチにより調査する。

2. 顧客が必要としている商品の技術的な評価

顧客が必要としている商品の技術的な評価を社内や外部による調査が必要である。顧客ニーズを素早く見出すために営業と商品開発部と一緒に調査に当たる。中小企業の新規事業開発は少量で商品の一部分に画期的な特徴があり、カスタム的で開発する商品は高収益の商品を数多く開発を狙う。それは他の企業からの参入を防止するためである。

中小企業の商品開発は、多品少量の商品を数多く開発することが必要である。それは他企業または大企業の参入を避け当該商品を他商品、他事業への転換を容易にする。また直販は顧客ニーズを直接掴みやすく、その情報を商品開発に繋げることができる。直販は顧客情報を直接知ることができ、顧客情報を商品開発部門に早期に伝えるメリットがある。顧客情報は商品企画・開発に欠かすことが出来ない。新商品を発表するタイミングは重要である。

顧客の多様なニーズと、顧客の将来必要とされる商品・サービスを安価で環境に優しい商品、顧客にとって利便性のある商品開発を新規事業開発をすることが大切である。中小企業の新規事業

は顧客のニーズをくみ取り、知恵と新しい考え方を反映していくべきであり、商品開発者は市場において顧客と接触する機会を作ることが大切である。事業はお客様に習えである。

コンセプト作り

新規事業開発ではコンセプトづくりが大切である。例えば、ホンダでは新たなコンパクトカーへ開発する時や、室内をできるだけ広くしたいというコンセプトへ取り組む時は、エンジンの取付位置、トランクの位置・形など車内を広くするための具体案を現地で徹底して検討してから、設計に取り掛かると言われている。

また、コンセプト作りが終われば新規事業開発のテーマの80%が終了したと言われているようである。コンセプト作りは、商品を具体的な形にする、重要ステップである。アイディアを駆使して、商品化を試行錯誤しながら具体的な形にするコンセプト作りは市場で予想される商品を想定して、顧客価値で明らかな優位性がある商品開発のために不可欠な作業である。

新規事業開発は

・考えて、考えて、考え抜いて知恵を出す。

・時代の変化を半歩先読みする。

・従来と違う考え方で、物の本質を探り、別の形で実現し、事業化を図る。

　パソコンも販売を始めた時は、専門家に使ってもらうために開発されたようである。専門家しか使えない事を開発者は少し誇りにしていたようだ。しかし、一般の人が難しくて使えない商品は

特定の人しか購入してもらえないようでは、ビジネスは成り立たない。そこで使い勝手を良くするためのソフトウェアの開発に力を入れてきた。現在は、パソコンを使用出来ない人は少ない。いまビジネスをする人でパソコンが使えない人はほとんどいない。スマートフォンについても同様である。隣にいる人にスマートフォンでメールを送っている。列車に乗る年配者を含めてほとんどの人がスマートフォーンを開いている。スマートフォンを開いていないと恥ずかしいように思う。時代の変化はめざましい。

外部活用

1. 大学・研究機関：

委託研究、共同研究、TLO について、研究は大学事業化は企業
という考え方が必要である。

2. 外注費：

外注する場合は外注先を多角的に調査してから、こちらのニー
ズを説明し、交渉に入る。新しいアイディアや加工技術を提案
できる個人・企業と取り組む。

3. アライアンス：

それぞれの特徴のある分野で協力する。クロスライセンスが望
ましい。

4. M&A：

企業価値は金銭的な評価だけではない。そこにいる人材の確保
こそが重要である。

5. 社員の研修・派遣：

派遣先の詳細踏査、管理・技術の特質、派遣元社員が派遣先に
馴染めるか。

6. 資本参加：

資本参加することにより、参加もとと自社と同等の会社と見な
せるか。外部活用の必要性や、なんのために活用するのか、目
的を明確にして取り組むことが重要である。

私の経験では、大学の活用が一番メリットがあると思う。

新しい販売方法

販売無くして経営なし

- 大量生産・大量販売の時代は終わった。
- 商品・サービスは企業の企画した画一的なものから、顧客の好みに変わった。
- マーケティングの研究は、時代の変化と共に変わる、顧客心理と顧客行動の研究である。
- 顧客に商品・サービスの情報を提供すると共に顧客価値情報などの提供が大切である。
- マーケットリサーチは国内だけではなく、必要に応じて海外でも行う。
- 顧客とのコミュニケーションを具体的に図る新しい仕組みを作る。
- 営業情報を開発や商品企画部門にフィードバックする仕組みを作る。
- 商品の素材の変化の研究に力を入れる。
- 顧客と開発者の良好なコミュニケーションが会社の将来を決める。
- ITを効果的に活用し、顧客価値を高めることが不可欠である。

【売ることは、作ること以上に難しい。売れてはじめて事業に成功したことになる。】

　マーケットリサーチは必要不可欠である。特に新規事業には避けて通れない。経営者や関係者の想いは大切であるが、だれもが開発の段階で絶対にこの商品は売れると思っている。それでなければ商品開発をする意味がない。お客様は違う見方でその商品を

第2章　経営課題　75

買うか買わないかを決めている。売れない商品を開発し販売をしていたら会社は倒産してしまう。

　マーケットリサーチは、絶対に必要である。マーケティングの会社に依頼すると同時に自分でも調査する必要がある。まず新商品開発に取り掛かる前に類似商品が市場にあるかないか、価格はいくらくらいか、売れそうであるかどうか、その商品に関することについて市場調査を行う。次に商品開発の目途が立った時に、具体的にその商品の反応を極秘に特定のお客様に見てもらい、改善点や使い勝手や価格に対する反応などのマーケット状況を調べる。調査の結果、何％の可能性があればGOを出すのかを決めておく。商品にもよるが筆者は50％の可能性があればGOを出した。

　お客様に商品をお届けする際に、出来ればお客様の商品の使い勝手やお届けする方法や価格、お客様から該当会社の商品やサービスについて直接の感想などを聞くことが必要である。その情報を企画や商品開発部門へ組織的にフィードバック出来るように社内を組織化しておくことが重要である。筆者はマーケットリサーチの会社にお願いしてマーケットリサーチを実際に行うところを見学させて頂いたことがある。マーケットリサーチの状況を見て驚いたことを覚えている。テレビの刑事物のように隣の部屋でガラス越しでお客様の発言は聞けるようになっており、発言するリサーチを受ける人達には気付かれないようになっていた。お客様である発言者は勝手なことを言っており、ひどい発言もあった（会社としては腹立たしい発言もあった）が、会社としては、非常に参考になった。お金を払っても聴きたいことだと思う。一般的には事業開発の検討段階で行い、具体的に事業を立ち上げる前と、販売開始前などに自社でマーケットリサーチ行う、マーケットリ

サーチの必要に応じて外部委託することもある。

　販売管理について、5G は現在活用されている 4G に比べて通信技術が飛躍的に進化している。高速で通信でき、速度は 4G の 20 倍、遅延は 4G の 1/10、4G の 10 倍の度をデバイスを同時に接続できるとされている。また、販売管理の面でもショッピングセンターで一度カードを登録しておけば全ての買い物がその都度支払う必要はなく、万引き防止になるという。5G は販売に使えばお客様にとって便利になり、企業の販売管理にとってもプラスになる。後述の 6G は 2030 年頃スタートし、引き続き 7G、…10G へと進化していく。大変に便利になるが 6G について早期の導入については検討すべきだと思う。販売管理には IT の活用は必至である。他にも農林水産業、交通、物流、省エネ、建設、土木、エンターテイメント、医療、介護、ショッピング、スポーツ、工場、オフィス、自治体、政府、安全安心等々の活用できる分野は広い。これからは IT をどう活用するかが販売と事業の成否を決める。

　経営への IT、AI、6G などの活用に関して、日本は隣国に比べても遅れている。前述のように新しい販売方法には韓国では第 6 世代（6G）が新しい経営の道具として研究が行われているようである。6G は「Beyond5G」と呼ばれていて、5G 以上に高速大容量化、低遅延、多数同時接続など通信の高度化が可能となってくると言われている。今後の経営管理のツールとして IT の活用は必至である。6G が実用化されると、高速大容量や低遅延、多数同時接続という通信の高度化が実現でき、さまざまな社会変革が起きると予想されている。

6G のポイント
　・6G は 2030 年頃サービス開始予定

・どこにいてもリアルタイムで情報を送受信できる

・VRや遠隔手術などに活用できる

・自動ワイヤレス充電も可能となる

新技術革新

いま最も必要とされている技術革新

1. 地球環境の温暖化を食い止めるための新しい技術開発を急ぐこと。

2. 高度情報化社会実現の新技術開発

3. 少子高齢化社会に向けて、医療・治療等の生命科学の分野の研究開発

わずか1万分の1ミリメートル（＝ 10^{-9}meter）の新型コロナウイルスは、人々の職業や、自由や、命まで奪い、人々の生活を新しい様式に変化させ、社会制度まで変えさせた。先の見通しの立たない企業経営は結論を即決し、事態に即応しなければならない。意思決定のスピードを速くしなければならない時代に、IT、AI等の活用が必要不可欠である。

地球温暖は何故起きるのか、どんな影響があるのか。地球温暖化は人間が温室効果ガスを大気中に大量に放出することにより地球の気温が上昇し続けていることが地球温暖化の原因である。

影響

地球の気象が変化する。

極端に気温が上昇し、熱波や強い台風や集中豪雨による被害が出ている。

・熱中症のリスクなどが起こっている。

・干ばつによる食糧危機が起こりつつある。

・海面の上昇により、居住地の喪失や国土が無くなる国もある。

新管理手法

人事制度：

社員が幸せを感じ、モチベーションを上げることが大切。社員に分かり易い制度にする。企業の都合で決める制度には限界がある。借り物の制度では社風に馴染まない。資格制度の昇格試験は、上位に必要な能力から出題するのが妥当である。クイズと昇格試験は違う。

方針管理：

社長方針に基づき、経営基本目標・方針の決定、中期経営計画、年度予算とその策定。結果は短時間で実績・分析・評価できるようにする。結果をフィードバックし、次に活用する。

実績：

企業によっては、3月決算にもかかわらずコンピュータを使って4月2日に実績が出るようにしているところもある。

新しい管理手法の1例

製造ラインの管理について、あるオフィス用のスチール椅子を作っている例を見てみる。張地の座（腰掛ける所）は、材料は多種類の布、皮などがあり、年間では色は別として約500種類の違った椅子を作っている。従来は材料や部品をすべて資材課で発注していた。材料の手配ミスで組立ラインが時々ストップしていた。資材課は現場から文句を言われないように、多めに材料手配をしていたそうだ。椅子の組立ラインが倉庫の中にあるようであった。

現場の課長は、資材の多いことについて毎月、経理や工場長から注意されていた。また、原材料がないために組立ラインが止まっていた現場の課長はこの問題を無くすために考えた。在庫が多すぎるから材料の手配ミスが起きるのだと思い、在庫ゼロに取り組んだ。通常の材料は現場で翌日の日の組立分しか発注しないことにし、材料在庫が無くなり工場はすっきりした。さらに、工場1棟が要らなくなるほどで、空いたスペースを休み時間用の現場の社員のお茶のみ場としているようだ。通常使用する材料を組み立て現場の手配にした。資材は新しい材料の研究や価格交渉に当たっている。現場のことは現場に任せて、現場で研究することが最適だと思う。材料不足が起きては組立ラインがストップして困るので、筆者ならたぶん少し在庫を多めにもっていたと思う。しかし、材料在庫や部品在庫が多いから在庫管理に問題が起こり、逆に材料不足や部品不足が起こることを現場の人が教えてくれた。スペースや在庫で資金を寝かしたり不要な建物を建てたりすることは、企業にとって大きな損失である。このように工場の原点に立ち戻って、当たり前のことを、当たり前でない発想で見直すことは大変重要だと思う。製造業にとって改善は永遠のテーマだと思う。

為替レート

US$ と日本円の管理　　2023.3.23.　　1$132.87 円

・輸出：為替レート　1$ ＝ 140 円の円安の場合

日本商品を米国に輸出　売価 1$ の商品の代金は米国の支払は 1$
日本で円に変えると

140 円：為替レート　1$ ＝ 120 円の円高の場合

日本商品を米国に輸出　売価 1$ の商品の代金は米国の支払は 1$
日本で円に変えると 120 円になる。

・輸入：為替レート　1$ ＝ 120 円の円高の場合

米国から 1$ の商品を日本に輸入　支払は 1$　円を US$ に変え
るとき 120 円必要

・輸入：為替レート　1$ ＝ 140 円の円安の場合

米国から 1$ の商品を日本に輸入　支払は 1$　円を US$ に変え
るとき 140 円必要

円安は、輸出の場合円の入金は増加、輸入は円の支払は増加

円高は、輸出の場合円の入金ほ減少、輸入は円の支払は減少

　今、日本は円安ということもあり、外国からの旅行客がたくさ
ん来ており、商店や観光地にも外国からのお客様がたくさん来て
いただいて嬉しく思う反面、マナーの悪さは目に余ることもある。
日本人客を無視して良いのだろうか。商売は目先の利益だけでは
ないと思う。商売は目先のことだけにとらわれないのが良いと思
う。為替レートが動く要因、例えば、米ドルと円の為替レートは、
米国や日本の経済成長や物価上昇、失業率、企業の業績、財務状
況、株価収益率など経済の基礎的要件（ファンダメンタルズとい
う）の分析によるところが大きい。他に、円とドルの需給のバラ

ンスによる影響も受ける。極端な為替変動のあった場合に行政が介入することもありうる。現在、円はかなり安いと思う。いずれにしても海外との取引の多い企業の業績は為替レートによって、業績が左右される場合があるので、為替レートの動きを注視する必要がある。大きな原因は米国と日本の金利差だと経済学者は言うが、本当にそれだけだろうか。

株　式

2023 年 3 月 31 日	東証スタンダード	その他製造業
銘柄	終値	前日比
T 社	706	▲ 6
T 社発行済株式総数	15,721 千株	時価総額概略 110 億円

株価は何によって決まるか？　その意味は？
会社の業績、新規事業展開、国内外の政治的・経済的な影響を受ける。
株式の売買代金は会社の収入と関係があるか？

　株式の売買は直接会社とは関係ない。株価はその会社の将来性を表している。株式を買う人は命からがら 2 番目の大切なお金で株式を購入する。将来性のない会社の株式は絶対に買わないと思う。また、会社が有望な新商品を開発していることが分かると株価は「ボン」と上がる。会社の収益の状況によって、その企業の株価は変動費、その他、内外の政治・経済の状況による影響が出る。

　会社はだれのものか。法律的には会社は株主のものである。

しかし、実態としては日本は違う。名刺交換をしたときに取締役何々と書かれている人は偉い人という印象を持つが、米国は違う。筆者は前述のように米国の中小企業の会長を務めたことがあるが、出資者（ボード）と経営（マネジメント）をする人は違う。所有と経営の分離が明確に実態として分かった。名刺に何々マネージャーと書かれている人が経営を行っている。株主は目標と方針を決めて、経営を執行している人達に委託する。業績が悪いと社長の首の挿げ替えもやる。日本は一度社長になるとよほどのことがないと辞めない。

　もう少し株式のことに触れると、株価は企業の実態を表すと言ったが、株価が高くても関係ないと思うかもしれないが、株式を公募で増資をする時、50円の株式が時価1000円している時は、1000円－50円＝950円が会社に入ってくる。一億円の公募で企業には19億円のお金が入ってくる。この時はその企業株価の高いことが企業にとって優利である。

　会社の資金調達は借入金が良いか、増資が良いか検討の余地がある。借入金だと現在は金利は安いが、当然借入金は返済していかなくてはならない。株式だと返済はないが利益からの配当金の支払いがあり、株主総会の決議が必要である。また、資本構成の特定株主の持ち株比率を下げる時などにも使われる。株式は会社の所有権の事と関係があるので慎重を期すべきである。

　前にも触れたが、その企業の株主になるには、個人の大切なお金で株式を購入するわけなので、その企業の将来性、収益等を検討するのは当然である。だから株価はその企業の将来性を表している。

社員にとって大切なこと

江戸時代の商売の考え方に学ぶ。商売の基本理念は始末、算用、
才覚、信用である。

始末：無駄な支出を省く、節約を旨とするが、適切な先行投資を
　　　惜しまない。

算用：入るを図り出るを制す。先行投資を惜しまない。財務内容
　　　をディスクローズする。

才覚：アイディアや工夫を凝らし、他人とは違う知恵を出す。

信用：店の生命は信用にある。信用を得ることの難しさ、一度失っ
　　　た信用は取り戻せない。信用は相手が決めることであって、
　　　自分から押し付けることはできない。

ビジネスに対する基本的な考え方は始末、算用、才覚、信用＋人
材育成が大切だと思う。

　信用とは、自分以外の外部の人がする評価である。信用とは正
直であることの他に、周りの人の関係者や多くの無関係者の評価
であり、その人たちの期待を裏切る考え方や行為をしないことで
もある。良い会社とは、良い経営のもとに秩序正しく、良いステー
クホルダーがいる会社である。社会から望まれ、信頼される会社
が生き残れる条件である。

　一度信用を裏切れば永久に取り返しのつかないことになる。

「日本永代蔵」　井原西鶴

　井原西鶴の著書「日本永代蔵」（現代語訳の書籍が出版されて
いる）に江戸時代の商家のことが詳細に書かれていて面白い。商

売は「入るを量りて、出るを＝為す（＝制す）」。稼いだ大切なお金は次のビジネスに活用することであり、才覚は他とは違う発想を持って商品開発やビジネスの取り組み成果を上げることである。信用については店の内部のコミュニケーションを良くするにも、社員同士の信頼関係が無ければ職場の一体感が生まれず、職場の実力が発揮できない。私は事業の成功は販売にあると思う。販売を継続して伸ばすには会社や社員がお客様から信用を得て会社や社員や商品・サービスに対して、お客様にずっとファンになってもらえるかがカギとなる。信用はビジネスのスタートである。

　上杉鷹山は、九州高鍋藩主の次男として 1751 年に生まれ、19 歳で上杉藩主上杉重定の幸姫の婿養子として入り、細井平洲を学問の師と仰いだ。しかし、約 200 億円の借金があり、関ヶ原の戦いで西方に味方したこともあって会津 120 万石から 15 万石にされてしまったが、6 千人の余剰な侍の 1 人の解雇もせずに藩の財政再建をした。

　私は以前から上杉鷹山に興味があり、30 年程前に一人で米沢市に鷹山の調査に行ったことがある。鷹山の言葉に「為せば成る、為さねばならぬ、何事も、成らぬは人の為さぬなりけり」は名言である。鷹山は自らは木綿を着、一汁一菜を用い、質素節約し、政治とは、民を富まし、しあわせな日々の暮らしをあたえることであると述べている。古い話ではあるが、1964 年の東京オリンピックで日本女子バレーボールチームがソ連に勝利し、金メダルを取ったことがある。その時の大松博文監督が「為せば成る」と、チームメンバーを奮起させたことを覚えている。余り定かではないが鷹山は 100 以上の新規事業を起こしたと言われている。植物由来のロウソクは途中までは良かったけれども、競争商品に負けた。米沢織はいまでも残っている。関心のある方は『漆の実の

みのる国』上下 2 巻が文藝春秋から出版されているのでご覧いただくのが良いと思う。

企業がすぐに取り組むべき課題

半導体不足と半導体技術への対応
　半導体の不足

環境問題（地球温暖化）
　脱炭素、水素の活用（アンモニアを含む）、プラスチック用品
　不使用

新管理・技術の画期的な活用
　IoT（Internet of Things）、人工知能（Artificial Intelligence）、
　AR/VR、6G

技術・技能に対する社会的ニーズ
　量子物理学の活用

物価高

おわりに

　日本の伝統的な稽古ごとは「守・破・離」という段階を経て、一人前の能力を持った人間になれると言われている。社内の教育訓練にも同じようなことが言えると思う。技術・技量の面では最初からベテランとはなりえない、経営者や社員もスタートは仕事をする能力はゼロに近い。「習うより慣れよ」と言われているが、何事も嫌わずに多くのことを経験していくことが大切である。海外では自分の能力は自分で身につける慣わしである。少し前の話になるが、私の知人でNASAに勤務している米国人がいる。彼は宇宙船で使うロボットの研究をしていた。日本のロボットは線で繋がっているがNASAでは地球で宇宙船の仕事をしているので無線である。彼はNASAで2年間働くと3年目には、UCLAで1年間自費で勉強する生活をしていた。日本では必要な知識や技術・技能は会社で教えてくれるが、米国は違った。外国は自分の技能・技術は自分で取得するものであり、賃金もそれに対応している。海外では教育は本来会社から与えられるものではないという考え方が一般的である。

索引

― あ行 ―

新たなイノベーション ……………………………………… 65

アレルギー ……………………………………………… 47

イスラエルの地図 ……………………………………… 11

遺伝子 …………………………………………………… 41

遺伝子組み換え食品 …………………………………… 45

イノベーション ……………………………………… 50・53

井原西鶴 ………………………………………………… 84

宇宙 ……………………………………………………… 36

M&A ……………………………………………………… 74

LED ……………………………………………………… 21

― か行 ―

外部活用 ………………………………………………… 74

株式 ……………………………………………………… 82

為替レート ……………………………………………… 81

管理会計 ………………………………………………… 56

管理会計の実例 ………………………………………… 61

管理手法 ………………………………………………… 79

企業経営 ………………………………………………… 50

企業の役割 ……………………………………………… 52

技術革新 ………………………………………………… 78

ゲノム …………………………………………………… 42

限界利益 ……………………………………………… 58・62

国際リニアコライダー ILC …………………………… 35

固定費の管理……………………………………………………63

コンセプト作り ………………………………………………72

― さ行 ―

財務会計……………………………………………………56

資本金………………………………………………………61

始末・算用・才覚・信用……………………………………84

シュンペーター ……………………………………………53

植物細胞……………………………………………………44

新規事業開発………………………………………70・71

真空…………………………………………………………36

人工衛星を軌道に乗せる速さ ………………………37

人工知能……………………………………………………19

新販売手法…………………………………………………65

水素の生成 ………………………………………………17

スピード……………………………………………………68

Spring-8……………………………………………………35

スペースデブリ ……………………………………………37

生命科学……………………………………………………39

染色体………………………………………………40・41

損益計算書…………………………………………………59

損益分岐点売上高…………………………………………62

― た行 ―

ダークマター………………………………………………37

貸借対照表…………………………………………………58

太陽…………………………………………………………37

地球…………………………………………………………38

地球環境‥‥‥‥‥‥‥‥‥‥‥‥‥‥‥‥‥‥‥‥‥ 13

DNA‥‥‥‥‥‥‥‥‥‥‥‥‥‥‥‥‥‥‥‥‥‥‥‥‥ 41

動物細胞‥‥‥‥‥‥‥‥‥‥‥‥‥‥‥‥‥‥‥‥‥‥ 44

― な行 ―

燃料電池‥‥‥‥‥‥‥‥‥‥‥‥‥‥‥‥‥‥‥‥17・20

― は行 ―

ハビタルゾーン‥‥‥‥‥‥‥‥‥‥‥‥‥‥‥‥‥‥ 37

パワー半導体‥‥‥‥‥‥‥‥‥‥‥‥‥‥‥‥‥‥‥ 27

半導体‥‥‥‥‥‥‥‥‥‥‥‥‥‥‥‥‥‥‥‥‥‥ 20

半導体の機能と役割‥‥‥‥‥‥‥‥‥‥‥‥‥‥‥ 27

半導体の主要技術の分野別市場シェア‥‥‥‥‥‥ 27

半導体の世界的な不足‥‥‥‥‥‥‥‥‥‥‥‥‥‥ 27

品質管理‥‥‥‥‥‥‥‥‥‥‥‥‥‥‥‥‥‥‥‥ 68

品種改良‥‥‥‥‥‥‥‥‥‥‥‥‥‥‥‥‥‥‥‥ 43

― ま行 ―

マーケットリサーチ‥‥‥‥‥‥‥‥‥‥‥‥‥‥‥ 75

― ら行 ―

量子と素粒子‥‥‥‥‥‥‥‥‥‥‥‥‥‥‥‥29・32

参考図書

人工知能	樋口晋也・城塚音也	東洋経済
文系人間のための「AI」論	高橋透	小学館
人工知能	DIAMOND・ハーバード・ビジネス	ダイヤモンド社
半導体の基本と仕組み	西久保靖彦　著	秀和システム
半導体プロセスの基本と仕組み	佐藤淳一　著	秀和システム
半導体が一番わかる	内富直隆　著	技術評論社
最強の AI 活用術	野村直之　著	日経 BP 社
量子コンピュータの基本と仕組み	長橋賢吾　著	秀和システム
いちばんやさしい量子コンピュータの教本	湊 雄一郎　著	インプレス
量子技術の基本と仕組み	若狭直道　著	秀和システム
最強に面白い量子論	和田純夫　監修	ニュートンプレス
最強に面白い素粒子論	村山 斉　監修	ニュートンプレス
驚異の量子コンピュータ	藤井啓祐　著	岩波書店
量子コンピュータが人工知能を加速する	村上憲郎　著	日経 BP 社
量子コンピュータが本当にすごい	竹内 薫　著	PHP
量子論のすべてがわかる本	科学雑学研究倶楽部編	ONE PUBLISING
量子コンピュータ	竹内繁樹　著	講談社
超弦理論入門	大栗博司　著	講談社
2030 半導体の地政学	太田泰彦　著	日経 BP 社
放射線の話	大朏博善　著	WAC 株式会社
文系のためのめっちゃやさしい量子論	松尾 泰　監修	ニュートンプレス
「半導体」のことが 1 冊でまるごとわかる	井上伸雄・蔵本貴文　著	ベレ出版
トコトンやさしい燃料電池の本	森田敬愛　著	日刊工業新聞社
トコトンやさしい電気の本　第 2 版	山崎耕造　著	日刊工業新聞社
燃料電池の基礎マスター	田辺 茂　著	電気書院
管理会計辞典	櫻井道晴　編	同文館
管理会計	渡辺康夫　著	実業之日本社
会計を読む辞典	吉川郁夫・石原敏彦	東洋経済新報社
新会計基準便利事典	実務会計研究会　著	こう書房

最先端の生命科学を私たち何も知らない	吉森　保　著	日経BP
ハマス・パレスチナ・イスラエル	飯山　陽　著	扶桑社新書
M&A時代企業価値のホントの考え方	田中慎一・保田隆明	ダイヤモンド社
環境問題に技術で挑むイノベーション企業	日刊工業新聞環境特別取材班編	
細胞の科学	室伏きみ子・小林哲幸共　著	Ohmsha
遺伝子の不思議としくみ入門	島田祥輔　著	朝日新聞出版
遺伝のしくみ	Mendel	新星出版社
トコトンやさしいゲノム編集の本	宮岡祐一郎　著	日刊工業新聞
トコトンやさしい生命工学の本	軽部征夫　編著	日刊工業新聞社
図解雑学DNAとRNA	岡村友之　著	ナツメ社
図解雑学細胞のしくみ	新免輝男　著	ナツメ社
3日でわかる遺伝子	青野由利・渡辺勉　著	ダイヤモンド社
とっても気になる血液の科学	奈良信雄　著	技術評論社
最先端の生命科学を私たちは何も知らない	吉森　保　著	日経BP社

図版一覧

図表 1. イスラエルの地図	11
図表 2. 水の電気分解	18
図表 3. 各社の燃料電池車の実績	20
図表 4. 半導体の機能	20
図表 5. 半導体の主要技術の分野別市場シェア	27
図表 6. ヤン・ミルズによる素粒子の標準模型（17 種類の素粒子）	32
図表 7. スーパーコンピュータと量子コンピューターの特性	33
図表 8. 染色体	39
図表 9. 動物細胞と植物細胞	44
図表 10. 遺伝子組み換え食品の安全性	46
図表 11. 会社の 3 つのイノベーション	50
図表 12. 企業経営	51
図表 13. 賃借対照表（B/S）	57
図表 14. 損益計算書（P/L）	59
図表 15. 利益の段階別種類	60
図表 16. 資本金の内訳	61
図表 17. 管理会計の実例	61
図表 17. 管理会計のフォーマット	
図表 17. 損益分岐点売上高の図表	
図表 18. スピード	68

■著者紹介

堀井 朝運 （ほりい あさかず）

1957 年　明治大学卒業後、タカノ株式会社入社
1988 年　タカノ株式会社社長に就任
1998 年　タカノ株式会社会長に就任
2000 年　タカノ株式会社相談役に就任、現在に至る
2002 年　早稲田大学大学院国際経営学修士卒業（MBA 取得）
　現在、八十二銀行監査役、日本政策投資銀行技術アドバイザー、長野県社会福
　祉事業団理事を務める。

会社って何をするの

2024 年 9 月 18 日　初版発行

著者
堀井 朝運

発行・発売
株式会社 三省堂書店／創英社

〒 101-0051　東京都千代田区神田神保町 1-1
Tel：03-3291-2295　Fax：03-3292-7687

印刷・製本
株式会社 ウイル・コーポレーション

©Asakazu Horii 2024　　　　　　　　Printed in Japan
ISBN978-4-87923-273-1 C0034
乱丁・落丁本はお取替えいたします。